KB189798

내 상처가   사랑을
밀어내지 않게 하려면

내 상처가 사랑을
밀어내지 않게 하려면

한 번도 상처받지 않은 것처럼
사랑하고 싶은 이들을 위한
심리 수업

저우무쯔 지음
박영란 옮김

더페이지

문제는 친밀감에 대한
두려움 때문이야

'친밀감에 대한 두려움'이라고 하면 많은 사람이 고개를 갸우뚱하며 이해하기 힘든, 모호한 개념이라고 생각할 수 있다. 또 그런 두려움을 가진 사람은 특별한 재능이나 매력이 있는 것처럼 보일 때도 있지만 감정 기복이 심해서 쉽게 다가갈 수 없고, 이로 인해 장기적이고 안정된 관계를 맺기 힘들다는 편견을 가질 수도 있다.

그런데 살면서 우리는 이런 사람들을 자주 만날 수 있고, 어쩌면 우리도 그들 중 하나일지 모른다. 관계에 있어서 많은 사람이 '이 사람은 친밀한 관계를 맺는 데 서툴지 않을까?'라고 생각하기도 한다.

친밀감에 대한 두려움에는 크게 여섯 가지 종류가 있다.
'버림받음에 대한 두려움, 부족한 사람이라는 두려움, 배신과 기만에 대한 두려움, 순종해야 한다는 두려움, 통제받는 것에 대한 두려움, 원하는 사랑을 받지 못한다는 두려움'이다.

그렇다면 당신은 어떤 종류의 친밀감에 대한 두려움을 가지고 있을까? 다음 질문에 답해 보자.

자신의 친밀감에 대한 두려움을 이해하는 것은 우리가 사랑하는 관계에서 불안을 느끼고 생존 전략을 구사하는 이유를 더 잘 이해할 수 있게 돕는다.

다음의 질문을 자신을 탐색하는 도구로 삼아 사랑에 대한 자신의 감정과 생각을 잘 이해하고, 내면의 불안과 두려움을 극복하며, 더 건강하고 만족스러운 관계를 형성하는 데 도움이 되기를 바란다. '그렇다'에 해당이 되는 항목이 많다면 이러한 두려움을 가지고 있다고 볼 수 있다.

친밀감에 대한 6가지 두려움

버림받음에 대한 두려움

☐ 사랑하는 사람이 나를 떠나거나 사랑하지 않을까 봐 늘 전전긍긍한다.

☐ 때로는 사랑하는 사람이 나를 이해하지 못하고 내 감정을 소중히 여기지 않는다고 느끼며, 혹시 내가 잘못한 건 아닌가 의심하는 데 많은 노력을 기울이게 된다.

☐ 영원한 관계란 없기 때문에 배우자든 남자친구든 주변 사람들이 다가오고 멀어지는 것은 정상이라고 생각한다. 나는 관계에 너무 얽매이거나 감정에 빠지지 않으려 한다.

☐ 어떤 관계를 시작하거나 나에게 다정한 사람을 만나면, 나는 그 사람이 운명의 사람이라고 생각하고 어떻게든 관계를 정립하려고 하지만 결국 상대방은 나를 떠난다.

☐ 가끔 사랑하는 사람이 나에게 집중하지 않을 때 초조하고 불안해지며, 적극적으로 매달리거나 반대로 더 차갑게 대한다.

부족한 사람이라는 두려움

☐ 내 감정과 생각을 표현하는 데 익숙하지 않으며 자신에 대해 너무 많이 말하는 것이 불편하다.

☐ 혹시라도 약속을 지키지 못해서 나에게 실망할까 봐 상대방에게 어떠한 약속도 하기가 어렵다.

☐ 이 관계가 나에게 얼마나 중요한지 확신하지 못하며, 때로는 관계가 단절되어도 된다고 생각하기도 한다.

☐ 나는 모든 것을 잘 해내고자 하며 연애에도 예외가 아니다. 그런데 중요한 일이 있어서 내가 조금이라도 관계에 집중하지 못하면 상대방은 이를 이해하지 못하고, 내가 그를 충분히 사랑하지 않는다고 느낀다.

☐ 나의 필요를 요구하는 것에 익숙하지 않으며, 가끔 내가 무엇을 원하는지조차 모를 때도 있다.

배신과 기만에 대한 두려움

☐ 나는 상대방이 나를 속이거나 배신할 상황을 상상하고 걱정한다.

☐ 나는 관계에서 늘 불안함을 느끼며 상대방이 솔직한지, 아니면 나를 속이고 있는지 확인하려 한다.

☐ 상대방의 관심이 나에게 있지 않거나 평소와 다른 반응을 보일 때 나에게 무엇인가를 숨기고 있다고 의심한다.

☐ 관계에서 나는 속지 않고 버림받지 않는 안정감을 중요하게 생각하며, 그 과정에서 관계의 질은 무시할 때가 있다.

☐ 때로는 상대방을 믿지 않는 것은 아니지만, 생활하면서 '뭔가 잘못됐다'는 느낌이 들면 아무리 사소한 일이라도 무시할 수 없으며, 반드시 추적하고 확인하여 다툼을 불사하고서라도 문제를 해결한다. 나중에 후회해도 매번 같은 행동을 반복한다.

순종해야 한다는 두려움

☐ 갈등을 두려워한다. 관계에서 갈등을 피하기 위해 상대방에게 내 감정과 욕구를 숨긴다.

☐ 돌봄을 받는 데 익숙하지 않아서 상대방에게 신세를 지거나 부담을 준다고 느낀다.

☐ 내 기분은 상대방의 감정에 쉽게 영향을 받으며, 상대방의 감정을 달래기 위해 뭔가를 하고 싶어 한다.

☐ 상대방이 감정적인 반응을 보일 때 아무것도 하지 않으면 깊은 죄책감을 느낀다.

☐ 나는 상대방의 요구에 맞춰 주는 편이라 대부분의 결정이 상대방의 요구를 중심으로 이뤄진다.

☐ 내가 원하는 것이 무엇인지 잘 모르지만, 주변 사람이 행복하면 나도 행복하다고 느낀다.

통제에 대한 두려움

☐ 상대방이 나를 이해하지 못할 것이라는 생각에 내 진심과 생각을 말하는 것을 좋아하지 않는다.

☐ 나에게 약속은 내 자아의 일부를 포기하는 것을 의미하고, 그로 인해 내 생활이 영향을 받거나 심지어 통제될 수 있다고 생각한다.

☐ 때로는 연애가 귀찮게 느껴지며 혼자 사는 것이 더 편할 것 같다.

☐ 상대방은 내 사고가 매우 이성적이고 위로의 말을 잘 하지 않는다고 하지만, 나는 그저 사실만을 말한다고 생각한다.

☐ 때로는 약간의 거리가 있는 관계가 좋다고 생각한다.

☐ 상대방이 나를 보살펴 주거나 나를 위해 무언가를 할 때 종종 부담스럽다.

사랑받지 못하는 두려움

☐ 상대를 찾을 때 나는 가정환경이나 직업, 외모, 재능 등 특정 조건을 적용한다.

☐ 진정한 사랑이란 아무런 조건 없이 나를 포용하고 사랑해 주는 것이라고 생각한다.

☐ 나는 자주 상대방이 나를 이해하지 못하고 내 감정을 중요시하지 않는다고 느낀다.

☐ 연애를 하면 상대방이 내 운명이라고 생각하지만 얼마 지나지 않아 실망하게 된다.

☐ 내가 상대방을 위해 노력하고 사랑하는 것이 상대방이 나에게 해 주는 것보다 더 많다고 느낀다.

☐ 누구를 만나도 갈등이 생기거나 헤어지는 이유는 대개 비슷하다.

저자 저우무쯔

차례

3장 사랑을 가로막는 여섯 가지 두려움 ∨ ∨ ∨

4장 두려움 없이 사랑하기 ∨ ∨ ∨

1장

왜 관계가
깊어질수록
불안해질까

1.
친밀해지길 원하면서도
두려워하는 이유

그녀는 소파에 앉아 있는 그를 보자 화가 치밀어 올랐다.

"외출도 혼자 하고, 이제 나랑은 얘기도 안 할 거야?"

그는 무슨 말을 해도 그녀를 만족시키지 못할 것을 알았기에 아무 말도 하지 않았다. 아니 무슨 말을 해야 할지 몰랐다.

"너한텐 다른 사람이나 일이 더 중요하지? 이제 나는 안중에도 없잖아!"

서운함에 복받친 그녀는 결국 울먹이기 시작했다.

그러나 그는 여전히 아무 말도 하지 않았다.

(……)

그녀는 자리를 박차고 방으로 들어갔다.

문밖에서 그가 다급하게 문을 두드렸다.

"도대체 왜 그래? 그러지 말고 내가 어떻게 하면 좋은지 얘기해 줘. 응?"

그녀는 아무 말도 하지 않았다. 자신을 옥죄어 오는 이 모든 상황이 답답하고 짜증 났다. 숨 쉴 곳이 필요했다.

'이제 다 끝이야.'

위 이야기에 나오는 두 사람은 모두 친밀감을 두려워하는 유형이다. 두 사람의 상황이 친밀감의 두려움을 느끼는 전형적인 사례다. 물론 여기서 성별은 크게 중요하지 않다. 상대방에게 사랑받고 싶고 친밀한 관계를 원하는 사람과, 상대방에게 무관심하고 자기만의 공간이 필요한 사람, 이 두 가지 전형적인 캐릭터는 자신도 모르게 친밀감의 두려움에 갇혀 있는 것이다.

이쯤 되면 슬슬 궁금해진다. 상대방에게 무관심하고 자기만의 공간이 필요한 사람이 친밀한 관계를 두려워하는 것은 어느 정도 이해할 수 있는데, **상대방과 가까워지고 싶고 사랑받길 원하는 사람도 친밀한 관계의 두려움을 느낀다고? 그 이유는 무엇인가.**

우리는 다른 사람과 깊은 관계를 맺을 때 친밀감을 느낀다. 이 느낌은 주로 안정감과 행복감을 주기에 우리는 관계에서 끊임없이 친밀감을 추구하게 된다.

우리가 처음으로 느끼는 친밀감은 대부분 어린 시절, 부모나 주 양육자한테서 얻는다. 이것이 바로 인생에서 첫 번째로 맺는 친밀한 관계다. 이 관계에서 자신을 탐색하고 표현할 수 있으며, 상대방의 반응과 사랑, 보살핌과 이해를 느낄 때 '당신은 내가 필요할 때

마다 그 자리에서 나를 비판하지 않고 사랑하고 보호해 줄 것이다'
라고 확신한다. 애착 이론의 관점에서 이러한 아이들은 상대적으
로 안정된 애착 관계를 형성할 가능성이 높고, 관계 안에서 자신을
기꺼이 드러내고 감정을 솔직하게 표현할 수 있으며, 친밀감을 더
자유롭고 편안하게 누릴 수 있다.

반면에 성장 과정에서 부모나 주 양육자가 욕구를 표출하고 감
정을 이해하고 처리하는 것을 제한하고 통제한다면 친밀감을 느끼
는 데 영향을 미칠 수 있다.

나의 부모에게 다음과 같은 어려움이 있는지 살펴보자.

- **다른 사람의 감정을 받아들이거나, 자신의 감정 표현을 어려워한다.**
- **정서적으로 불안정하고, 자신의 감정을 명확하게 알지 못한다. 화를
잘 내고 심지어 자녀에게 화풀이하기도 한다.**
- **자녀가 자주 부모의 부재를 느낀다.**

만약 이런 유형의 부모라면 정서적 무관심과 자신이나 타인의
감정에 대한 이해 부족, 감정 인지 저하 등으로 아이의 성장 과정에
서 불안과 위험을 야기할 수 있다. 그래서 아이는 자신을 보호하기
위해 안전하지 않은 환경에서는 자신의 진심을 드러내지 않거나,
다른 사람의 필요를 충족시키는 데에만 집중하게 된다. 그래야 자
신이 상처받지 않고 위험에 빠지지 않으리라 생각하기 때문이다.

그러나 이러한 '자기 보호' 아래서 우리는 진정한 자신과 감정에

서 점점 더 멀어질 수 있다. 또한 '억압적인' 부모 앞에서 이런 자신을 보호하는 방법으로 대응하면서 부모와 친밀한 관계를 맺지 못한다.

주 양육자한테서 이해받지 못한 어린 시절의 감정

다섯 살짜리 아이가 망가진 장난감을 들고 울고 있다. 그 모습을 본 어머니는 흥분해서 아이를 다그쳤다.

"왜 울어? 그렇게 울어도 아무 소용 없어! 계속 울면 다시는 장난감 안 사 준다!"

어쩌면 어머니는 아이에게 화를 낼 생각이 없었을지도 모른다. 그런데 아이가 우는 모습을 보자마자 갑자기 자신의 내면에 숨어 있던 좌절감이 불쑥 올라왔다. 그녀는 이 좌절감에 '분노'로 반응했고, 아이의 감정이 좌절감으로 변화되는 걸 제한하고자 분노와 처벌(앞으로 장난감을 사 주지 않겠다)의 방법을 선택했다. 물론 나라면 그녀가 선택한 '분노'라는 방법보다 아이의 감정을 이해해 주는 더 나은 대처 방법을 500가지 이상 생각해 낼 수 있었을 것이다.

하지만 여기서 요점은 단순히 '왜 어머니는 아이의 감정을 잘 살피지 못했을까?'가 아니라, 아이가 이런 부정적인 감정을 느낄 때 어머니가 보인 격한 반응에 있다. 어머니는 순간적으로 좌절감을 느꼈을 뿐만 아니라 아이에게 화를 내고, 심지어 벌을 주기까지 했다. 대체 이유가 무엇일까?

이것은 그녀가 어렸을 때 습득한 감정을 다루는 방법과 관련이 있을 수 있다. 만약 그녀가 부정적인 감정이 나쁘다고 생각하는 가정에서 자랐다면, 부정적인 감정을 느낄 때마다 부모가 화를 냈거나 벌을 주었을 것이다. 그러다 보니 자신의 감정을 이해할 기회는 커녕 감정이 폭발했을 때 누군가 그녀를 포용하고 받아들여 준 경험도 드물었다. 따라서 이 같은 부정적인 감정은 나쁜 것이라는 생각이 그녀의 마음속에 자리 잡았다.

부모가 자녀의 부정적인 감정 때문에 화를 내고 벌을 주는 것은 '자신이 느끼는 좌절감'을 자녀에게 전가하는 것이나 마찬가지다. 그들이 자신의 감정을 이해하고 자녀의 감정을 받아들이는 데 어려움을 겪는다는 것은 자신의 욕구나 감정 같은 진정한 자아가 낯설어서 어쩔 줄 몰라 하고 있음을 의미한다. 부모와 자녀의 '진정한 자아', 즉 진정한 느낌과 욕구를 받아들이고 이해하기 어렵기 때문에 서로 간에 마음의 거리가 생기는 것이다. 이것은 우리가 자신의 진정한 모습과 취약한 부분을 드러내지 못하면, 서로를 진정으로 이해하기 어려워 친밀감을 형성하기 힘들다는 사실을 보여 준다.

위 사례의 경우, 아이가 부정적인 감정을 표현할 때 그녀가 화를 내는 것은 아이의 부정적인 감정에 대응하기 위함이자, 아이의 분노에 직면했을 때 무력감을 느끼는 '자신의 취약한 내면'을 보호하기 위해서다.

어렸을 때 자신의 감정을 이해하는 법을 배우지 못하면, 무력하고 취약한 상황에 대처하기 위한 다양한 생존 전략을 이끌어 낼 수는 있어도 정작 자기 내면의 진정한 감정이 무엇인지는 이해하지 못하게 된다. 그러다 보니 상대방의 진심을 이해할 기회도 없어서 친밀감을 형성하기가 매우 어렵다.

성장기, 생존 전략에 길들여지면…

부모가 아이의 감정과 욕구에 관심을 기울이지 않고 감정 처리에 서툴다 보면 아이는 욕구를 억누르는 데 익숙해진다. 심지어 이런 부모는 내면의 안정감과 통제감을 위해 의도적이든 그렇지 않든, 가정에서 '이 집은 내 규칙에 따라 움직여야 하고 절대 예외란 있을 수 없다'는 분위기를 조성한다. 그러면 아이는 생존을 위해 이해받기를 바라는 친밀감을 포기하고, 반대로 '생존 전략'을 세워서 관심과 보살핌 대신 규칙을 따르면서 생존에 필요한 안정감을 얻으려고 한다.

간단히 말하면 **가정에서 상호 의사소통, 진정한 자기표현과 수용, 공감과 존중을 통해 친밀감을 얻는 것이 아니라 '생존 전략'을 사용하여 제한된 사랑과 관심, 보살핌을 얻는 방법을 배우는 것이다.**

이렇게 되면 아이는 부모의 진정한 자아를 알 기회가 없으며, 자신의 진정한 자아도 알 수가 없다. 왜냐하면 부모의 '거울에 비친 모습' 속에서 볼 수 있는 것은 부모가 '그렇게 되기를 원하는 아이의 모습'이지, 자신의 '진정한 모습'이 아니기 때문이다. 결국 아이는 관심을 받기 위해 생존 전략을 사용해야만 관계에서 원하는 것을 얻고 조금이나마 안전감을 얻을 수 있다고 생각한다.

맨 처음 살펴본 연인의 사례로 돌아가 보자.

"외출도 혼자 하고, 이제 나랑은 얘기도 안 할 거야?"라는 말은 **'화'를 내어 상대를 비난해 관심을 끌거나, 상대방의 사과를 이끌어 내 자신의 욕구를 충족시키려는 일종의 생존 전략이다.** 하지만 정작 그녀가 하고 싶은 말은 따로 있다.

"최근에 우리가 함께 보낸 시간이 별로 없잖아. 당신은 나한테 소중한 사람이니까 당신과 더 많은 시간을 보내고 싶어."

그녀가 정말 하고 싶은 말은 이것이지만 모순적이게도 그녀는 생존 전략을 사용하게 하는 사람을 찾을 가능성이 크다. 즉, 그녀는 거의 늘 자신과 충분한 시간을 보내지 않는다고 비난할 수 있는 대상을 찾는다는 것이다.

진실하고 취약한 자신을 보여 주지 못한다

자기 내면의 진정한 욕구를 이해하고 말하는 일은 쉬운 게 아니다. 특히 어릴 때부터 자신을 이해할 공간이 없었거나 자기표현을 했을 때 받아들여진 경험이 없었다면 더욱 그렇다.

관계에서 친밀감을 높이려면 '진짜 취약한 자신을 보여 주는 것'이 중요하다. 하지만 이런 경험이 없는 사람들에게는 오히려 가장 위험한 일이 될 수도 있다.

"이해받지 못하면 어떡하죠? 거절당하거나 비웃음을 받으면 어떡하죠?"

"상대방이 반응하지 않으면 어떡하죠?"

이런 상황은 참을 수 없는 많은 감정을 불러일으키고, 과거 부모한테서 받은 상처와 무관심에서 비롯된 고통에 휩싸이게 된다. 이런 정서적 플래시백Emotional Flashback(감정 재출현)이 나타나면 우리는 감정의 쓰나미에 빠지게 되므로 최대한 빨리 뭔가를 붙잡고 빠져나와야 한다. 어린 시절 우리의 생존 전략은 강렬한 좌절감이나 상처를 이겨내는 최후의 지푸라기였고, 정서적 플래시백 증상이 나타날 때 불안을 완화하는 효과적인 방법이었다.

물론 과거의 경험에서 보면, 이러한 방식이 우리가 관심과 보살핌을 받는 데 효과적이었거나, 적어도 상처받을 기회를 줄이고 실망감을 덜 느끼게 해 주었다. 그래서 이런 상황에 생존 전략을 사용하는 것이 더 안전한 방법이 되었던 것이다. 그렇지만 이러한 생존 전략은 우리가 '안정감'을 느끼도록 도와주지만 서로를 이해하는 친밀한 관계에서 멀어지게 하여 다른 형태의 친밀감의 두려움을 형성하기도 한다.

2.
불안에 시달리는 영혼

"그동안 몇 차례 연애하면서 자주 다투는 건 고사하고 심지어 상대방이 양다리를 걸친 적도 있었어요. 그렇다 보니 연애 때마다 거의 의심과 고통, 눈물로 지낸 것 같아요. 최근에 만난 사람은 이전의 사람들과 비교했을 때 저에게 큰 안정감을 주고, 저를 이해하고 존중해 줘서 함께 있는 시간이 너무 편안해요. 그런데 왠지 모르겠지만, 관계가 안정될수록 불안해지고, 사소한 일로도 다투고 그를 의심하기 시작했어요. 친구들은 제가 '할 일 없어서 고생을 찾아서 한다'고 하는데, 사실 저도 이런 식으로 행동하고 싶진 않은데 마음대로 되지 않아요."

"결혼 전까지만 해도 저는 '카사노바'처럼 이 사람 저 사람을 만나고 다녔어요. 그러다가 아내를 만나게 됐고 그녀와 함께 있으면서 마음이 매우 평온해지는 것을 느꼈어요. 전에는 느껴 본 적 없는 색다른 기분이었죠. 그래서 그녀와 결혼하고 싶었고 그녀와 함께 가정을 이루고 싶었어요. 저는 항상 이런 감정을 동경해 왔으니까요. 아내를 만나기 전까지만 해도 불가능한 일이라고 생각했어요. 결혼 후에도 여전히 아내가 좋고 모든 것이 완벽하다고 느끼는데, 왠지 모르게 마음이 불안해져요. 갑자기 새로운 여성을 만나고 싶고, 바람을 피우고 싶어요. 이런 충동을 계속 억제하고 있는데, 이게 바로 '인간의 열등감'이라는 걸까요?"

불안에 시달리는 많은 영혼은 고난을 겪고 나서 **행복을 찾은 뒤에도 여전히 친밀감을 제대로 즐기지 못하고** 행복할수록 '언젠가는 이 행복도 사라지지 않을까?' 혹은 '어떻게 이렇게 행복할 수 있지? 분명히 걱정할 일이 있을 텐데!'라는 생각에 사로잡힌다.

그래서 '불안'에 묶여 단 3초 동안 행복을 누리고, 그 후에는 불안에 휩싸여 끊임없이 '절대 이런 좋은 일은 일어나지 않을 거야. 내가 어떻게 이렇게 행복할 수 있지?'라는 의심을 증명할 작은 신호를 찾아내려고 한다. 심지어 내면에서 자신을 핍박하고 이런 행복을 직접 끊어내려는 힘이 작용하기도 한다.

가장 행복한 순간에 불행의 징후를 찾는 사람들

사실 이러한 '불안'은 자신에 대한 인식과 내면에 자리 잡은 친

내 상처가 사랑을 밀어내지 않게 하려면

밀감에 대한 두려움과 관련이 있다. 우리 대부분은 '나는 충분히 좋은 사람이고, 이 행복을 누릴 자격이 있다. 이 사람과 이 세상은 나에게 안정감을 주니까 그렇게 걱정하거나 두려워할 필요가 없다'라고 생각하지 않는다. 그래서 원하던 행복 속에서도 여전히 불안해하며 행복이 사라질까 봐 걱정하고 힘들게 얻은 행복을 시험해 볼 작은 '징후'를 찾아낸다. 또는 가장 행복한 순간에 다른 사람이 자신에게 상처를 주는 선택을 함으로써 다음과 같이 증명하려 한다.

'나는 행복을 누릴 자격이 없어.'

'누가 나 같은 사람을 사랑하겠어? 분명히 날 가지고 노는 걸 거야.'

'신이 나에게 이렇게 좋은 걸 허락할 리가 없어. 분명히 가짜일 거야.'

자기 가치에 대한 의심과 '버림받는 것에 대한 두려움', '배신당하는 두려움', '원하는 사랑을 영원히 얻지 못할 것 같은 느낌' 등 친밀감에 대한 두려움은 우리의 감정과 생각, 행동에 영향을 미치며 우리가 사랑과 인생의 패턴을 형성하는 데 큰 영향을 미친다.

결국 이런 패턴이 계속 반복되는데도 무슨 일이 일어났는지 인식하지 못한다. 단지 자신의 인생이 유난히 험난하다고 착각할 뿐이다.

아마도 지금쯤 한 가지 모순을 발견했을지도 모르겠다. 우리는 종종 친밀감을 갈망하지만, 반응이 없을 경우 상처를 받을까 봐 두려워한다. 반응이 없으면 과거 부모에게서 경험한 '정서적 플래시백'이 유발되어 큰 불안함을 초래할 수 있기 때문이다. 우리는 이러한 상황이 발생하지 않도록 모든 방법을 동원하고 싶지만 다른 한 편으로는 친밀감을 갈망하기 때문에 '생존 전략'을 발전시켜 자신을 달래고 안정감을 높이며, 정서적 플래시백이 발생했을 때 압도되지 않도록 방어한다.

생존 전략은 원래 진정한 감정이 상처받지 않도록 보호하기 위해 발전시킨 것이지만, 오히려 진정한 자아를 보지 못하게 가로막는다. 그래서 실제로 진정한 자아와 친밀한 관계를 맺지 못하고, 이 과정에서 무엇이 잘못되었는지도 모른 채 자기 내면에 부족하고 취약한 부분이 있고 문제가 있는 것처럼 느끼게 한다. 이것이 생존 전략을 사용하면 불안을 달래고 일시적인 안정감은 얻을 수 있지만, 내면의 두려움을 다루는 데는 실패하는 이유다.

우리는 영문도 모른 채 친밀한 관계에서 상대방과 너무 가까워지는 것을 두려워하거나 상대방이 자신을 충분히 좋아하지 않을 것 같은 두려움을 느낀다. 심지어 어떨 때는 꿈같은 연애를 하면서도 상대방을 의심하고, 멀리하고, 배신하는 등 감정을 상하게 하는 행동을 하면서 자신의 행복을 자기 손으로 끊어 버린다. 결국 무슨 일이 일어났는지 모른다.

사랑을 좇는 것처럼 보이거나, 사랑을 피하는 것처럼 보이는 사람들 모두 진정한 자신을 숨기려고 애쓰고 진정한 상대를 알아보는 능력도 상실해 버렸다. 그렇게 우리는 모두 친밀감에 대한 두려움에 갇혀 있다.

내 상처가 사랑을 밀어내지 않게 하려면

친밀감에 대한 흔한 오해

당신은 친밀감을 추구하는가? 그렇다면 당신이 추구하는 것이 친밀감인지, 안정감인지 분명히 구분할 수 있는가? 또한 안정감은 배우자와 더 가까워지는 데 도움이 되는가, 아니면 실제로 더 멀어지게 하는가? 친밀감을 말할 때 우리가 흔히 하는 오해 몇 가지를 살펴보자. 각자 자신이 원하는 관계가 무엇인지 구체적으로 생각해 볼 수 있을 것이다.

- 내가 원하는 관계는 무엇일까?
- 진정한 친밀감을 누리고 있는가? 아니면 친밀감의 두려움에 갇혀 있는가?

오해 1. "나에게 잘해 주면 그건 사랑이야."

실제 연인 관계나 TV 드라마를 보면, 특히 여성들이 자주 하는 말이 있다.

"그 사람을 왜 사랑하는 거야?"

"날 정말 잘 챙겨 주고, 배려해 주거든."

누군가가 우리를 잘 보살펴 주고 챙겨 준다고 느끼면 사랑받는다고 생각하는데, 이는 상대방의 보살핌을 통해 자신이 가치 있고 중요한 사람이라는 것을 느끼기 때문이다. 특히 과거에 다른 사람의 주목을 받고 싶었지만 그런 경험을 하지 못하고, 언제나 스스로 자신을 돌봐야 했던 사람이 '항상 나를 마음에 두고 있다는' 보살핌이 엄청난 위로와 안도감으로 느껴지는 것은 어찌 보면 충분히 이해할 수 있는 부분이다. 이미 사회적 성공을 이루고 인정받은 여성들조차도 상대방의 세심한 보살핌에 응석받이가 되는 경우도 있다. 또 밖에서 열심히 일하는 남성들도 자신을 돌봐 주고 소중히 여기는 배우자를 보면 안도감과 위안을 느낀다.

이런 경험은 어린 시절에 부모나 어른들에게 비슷한 반응과 보살핌을 기대했던 삶에서 비롯된다. 즉, 어린 시절에 나이에 맞지 않는 책임이나 심리적 압박을 자주 경험했거나, 부모가 자주 다투고 위기감을 느끼는 삶을 살았다면, 미성숙한 자아가 떠안아야 할 걱정이 많았을 것이다.

이렇게 어린 시절을 온전히 누리지 못한 '어른아이'는 세심한 보살핌과 관심을 받으면 쉽게 사랑에 빠진다. 반드시 마음이 움직이는 것은 아니지만, 안도감을 느끼게 된다.

오해 2. '전능한 아기'의 등장

어렸을 때 극진한 보살핌을 받은 경우에도 성장하면서 '관심과 보살핌'을 다시 갈망하게 된다. 지나치게 주목을 받거나, 과도한 사랑을 받았던 아이는 가끔 자신의 욕구를 과대하게 증폭시켜 자신을 먼저 생각해 주고 관계를 위해 모든 것을 쏟을 수 있는 사람을 만나면 이를 어릴 적 부모의 관심으로 받아들여 이것이 사랑이고, 사랑을 구축하는 방법이라고 여긴다.

그러나 이는 사실 '전능한 아기'의 재등장에 지나지 않는다. 이

내 상처가 사랑을 밀어내지 않게 하려면

들은 사랑을 받기만 하고 줄 수는 없어 마음이 몹시 가난한 사람이 되어 버린다. 이들과의 관계는 일방적이고 경직되어 유연성이나 선택권이 점차 사라진다. 왜냐하면 일단 상대방이 내가 기대하는 대로, 내 마음속의 이상적인 부모처럼 나를 돌보지 못하면 나는 실망감을 느끼고 상대방이 나를 사랑하지 않는다고 생각하여 여러 감정적인 반응을 보이거나 심지어 관계를 끊어 버릴 수도 있기 때문이다.

하지만 이처럼 일방적으로 애쓰는 관계에서 상대방은 자신이 원하는 방식으로 상호작용을 한다. 이때 이들은 선택의 여지가 없는 아이처럼 '그가 보여 주는 대로만' 그를 알아갈 뿐이다. 점차 상대의 깊은 내면을 알 기회를 잃으며, 상대방 역시 나의 깊은 내면을 알 수 없게 된다.

상대방에게 나는 고집 세고 이기적으로만 보여서 자신을 다잡으려면 일방적인 방법밖에 사용할 수 없기 때문이다. 결국 나와 상대방 누구도 서로의 진짜 모습을 알지 못한다.

자신을 잃게 하는 '보살핌의 함정'

내가 접한 여러 사례 중에는 가스라이팅과 흡사한 상황도 있었다. 상대방이 처음에는 매우 세심하고 적극적으로 보살펴 주지만, 그 보살핌 속에는 항상 일정 수준의 강요와 고압적인 태도가 섞여 있었다. 몇 가지 예를 들어 보자.

"당신이 입으면 잘 어울릴 것 같아서 옷 한 벌 샀어요."

"너무 늦었으니 나가지 마세요. 혹시라도 가고 싶은 곳이 있다면 차로 데려다줄게요."

"당신 친구들이 좀 이상한 것 같은데, 만남을 줄이는 건 어때요? 다 당신을 위해서 하는 말이에요."

"머리를 너무 짧게 자르지 마요, 긴 머리가 훨씬 더 예뻐 보여요."

어쩌면 드라마의 영향이거나 성별 차이 때문일 수도 있지만, 일부 여성들은 상대의 이런 강압적인 태도를 접하고는 종종 사랑 표현에 서툰 CEO를 떠올린다. 그런 탓에 상대가 어느 정도 간섭하거나 사랑에 제한적인 모습을 보여도 쉽게 수용하는 편이다.

그러나 우리가 깨닫지 못하는 것이 있다. **이런 간섭을 통해 그가 실제로 상대를 '소유물'로 여기고 자신은 헌신을 하고 있으므로 상대의 의지와 생각, 자유를 간섭하는 게 당연하다고 생각한다는 사실이다.**

이 같은 상대의 경계를 조금씩 탐색하면서 삶의 세세한 부분까지 완전히 파악하는 것은 생각보다 어렵지 않다. 일부 사람들은 이러한 관계 속에서 자신을 스스로 돌보는 능력뿐만이 아니라 자기 정의와 자기 긍정의 능력마저 잃어버린다. 이는 우리가 이런 능력들을 아무 조건 없이 상대에게 내어 주었기 때문이다.

어디서부터 잘못된 것일까? 이는 어린 시절 받고 싶었던 보살핌과 관심의 결핍 때문이다. 우리는 이러한 관계 속에서 보살핌과 관심을 추구하지만 그런 사실을 깨닫지 못한다. 과거에 충분히 받지 못했기 때문에 이제 보살핌과 관심을 받으면 마치 큰 보물을 얻은 것처럼 느끼곤 한다.

하지만 그것이 나의 관계에 정말 필요하며 삶에서 가장 중요한지를 반드시 분별해야 한다. 그리고 이런 극도의 안정감을 추구하는 과정에서 나는 진짜 상대방을 알아가는 기회를 잃을 수도 있고, 상대방이 진짜 나를 알아갈 기회도 잃게 만들 수 있다. 결국 서로가 추구하는 것은 그저 안정감에 대한 환상일 뿐이다.

3.
무조건적인 포용이
사랑일까

"사랑은 나의 모든 부분을 포용하는 것이다."

많은 사람이 이렇게 말하는 것을 자주 들어왔다. 물론이다. 다만 이를 논하려면 두 가지 사항을 먼저 고려해야 한다.

- 당신은 상대방의 모든 것을 포용할 수 있다고 생각하는가? 상대방이 당신에게 무엇을 하든 상관없는가?
- 당신은 자신의 모든 것을 포용할 수 있다고 생각하는가? 자신이 무엇을 하든 상관없는가?

이 두 질문에 쉽게 '그렇다'고 대답할 수 없을 것이다. 이는 지극히 정상이다. 이것이 바로 인간의 본성이기 때문에 우리는 자신과 다른 사람의 경계에 대해 고민하고 또 몸부림칠 수밖에 없다. 모든 갈등은 사실 나와 다른 사람 사이에서 시작된다. 지금 자신과 다른 사람 중 누구를 더 중요하게 생각해야 하는지를 매 순간 고민해 보자.

나의 전부를 포용해 주기를 바라는 마음의 이면

우리가 '사랑은 나의 모든 부분을 포용하는 것'이라고 기대한다는 것은 사실 우리 내면 깊은 곳에 근본적인 두려움이 있음을 뜻한다. 즉, 상대방에게 이해받거나 받아들여질 수 없다는 두려움이 깔려 있기 때문이다. '나의 일부분만 포용되거나 이해받을 수 없다'는 생각은 우리 안에 큰 두려움과 수치심을 불러일으킨다.

왜 그럴까? 우리 스스로 '자신의 일부'가 부끄럽거나 부족하다고 여기고, 이런 자신을 인정하고 받아들일 수 없어 그대로 방치해 놓았기 때문이다. 그래서 우리는 **상대방을 이상화하여** 자신이 할 수 없는 일을 대신해 주고, 자신보다 더 나를 사랑해 주는 동시에 더 많이 수용되기를 바란다. 그러다 보니 그가 막상 망설이는 것을 알게 되면 나의 내면은 무너지고, 울부짖고, 그에 대한 증오로 가득 차서 상대방에게 실망하고 공격하게 된다.

사실 우리가 소리 지르고, 슬퍼하고, 실망하는 것은 상대방의 태도 때문이 아니라 어린 시절 진심이 담긴 무조건적인 사랑과 지지, 이해, 보호를 받지 못했기 때문일 수 있다. 만약 이 같은 사실을 깨닫지 못하면 이러한 '규칙'을 서로의 관계 안에서 잘못 적용하여 '부족한 배우자'에게 실망하고, '부족한 자신'에게 수치심을 느끼는 과정을 계속 반복하게 된다.

'사랑은 무조건적인 포용이다'라는 기대감으로 사랑에 빠지면 사랑하는 동안 또 다른 오해가 생길 수 있다. 그것은 바로 '내 운명의 반쪽을 찾기만 하면 앞으로 행복하고 즐거운 삶을 살 수 있다'라고 생각하는 것이다.

영혼의 반쪽만 찾으면 해피엔딩일까

이것은 심각한 착각일 뿐이다. 애니메이션 〈슈렉Shrek〉에 나오는 피오나 공주를 기억하는가. 피오나의 이야기를 조금 다른 관점에서 살펴보자.

어린 시절 트라우마를 경험한 한 소녀가 있었다. 부모님은 그녀의 '특정 부분'이 마음에 들지 않았고 쉽게 받아들이지 못했다. 그러다 보니 그녀 또한 자연스럽게 그런 자기 자신을 싫어하게 되었다. 부모님은 마음의 높은 벽을 쌓고 그녀가 '특정 부분'을 고치고 숨기도록 강요했다. 이러한 아픈 관계 속에서 마녀의 저주는 마치 대중 미디어나 사회 주류의 이데올로기처럼 "왕자님을 만나면 평생 행복하게 살 수 있어."라고 설파한다.

'나는 좋은 사람이 아니야.'라는 생각에 휩싸인 채 오랫동안 외롭고 고립된 삶을 살던 그녀는 '그렇다면 사랑하는 사람을 찾고 가정을 이루면, 이 집에서 탈출할 수 있겠다'라는 생각에 빠지고 만다. '신데렐라 콤플렉스'가 있으면 피오나 공주처럼 대단한 무술 실

내 상처가 사랑을 밀어내지 않게 하려면

력을 갖췄더라도 여전히 자기 능력을 의심하고 더 강력한 누군가
가 자신을 구해 줄 것을 기대한다.

실제로 우리는 종종 부모에게 무시당하거나 받아들여지지 않았
을 때 스스로 좋은 사람이 아니라고 느낀다. 그래서 자신에게 좋은
점이 있어도 **굳이 다른 대상을 찾아서 그것을 모두 상대방에게 투
영한다.** 그러다 보니 상대방은 항상 똑똑하고 강인한 반면, 자신은
어리석고 취약하다고 생각한다. 내가 정말로 괜찮은 사람이라면
부모님이나 배우자, 나와 친밀한 사람들은 왜 나를 받아들이지 못
하겠는가. 그럼 나를 완전히 받아줄 수 있는 사람을 찾으면 내 저주
(트라우마)가 풀릴까?

그런데 결국 내가 찾고 싶은 것은 나를 온전히 받아 줄 수 있는
사람만이 아니다. 정말로 **'내가 사랑받고 받아들여질 만한 가치가
있다는 이유'이다.** 어쩌면 내가 가장 바라는 것은 부모님이 나를 받
아들이고, 심지어 나 자신이 진심으로 나를 받아들이고 사랑하는
것일지도 모른다. 더 나아가 누군가가 나에게 이렇게 부족한 모습
이라도 충분히 가치 있고 사랑받을 자격이 있다고 말해 주는 것이
다. 그것이야말로 자신이 평생 바라는 소원일 수 있다.

의존하지 않는 것은 독립적인가 고립적인가?

살면서 '타인에게 의존하는 것'을 무척 싫어하는 사람들이 있다.
이들 중 대부분은 '기대하지 않으면 상처받을 일도 없다'고 여기는

탓에 친밀한 관계로 발전해도 상대방에게 좀처럼 의존하지 않는다. 실제로 이를 어려워하는 사람들도 있다. 그들은 어쩌면 과거의 성장 경험이나 연애 과정에서 상처를 받아 다른 사람에게 의지하고 의존하는 것은 정말 위험하다는 것을 깨닫게 됐을지도 모른다. 상대방이 의지할 만한 사람이 아닐 수도 있고, 심지어 상대도 넘어질 수 있기 때문에 실제로 그런 상황이 닥쳤을 때 나타나는 상대방의 반응으로 커다란 심리적 타격을 입고 마는 것이다. 아마도 이러한 경험 때문에 다른 사람에게 의존하는 것이 두렵고, 그래서 최대한 독립적인 사람으로 서기 위해 애쓰며 자신의 배우자도 독립적인 사람이길 바란다.

자신을 잘 돌보고 감정도 잘 다스리는 것이야말로 성숙한 선택이다. 그러나 서로 사랑하는 관계에서도 이런 생각을 적용시키는 사람은 외로움을 느낄 수밖에 없다. 상처받지 않기 위해 상대에게 의지하지 않고, 상대도 자신에게 너무 의존하지 않도록 선을 긋는다. 이런 관계는 두 사람 사이에 벽이 있는 것과 같아서 서로를 진심으로 이해할 수 없고, 상대방과 마음 터놓고 지내거나 관계를 온전히 즐기기 어렵다.

이처럼 자신과 상대방을 이렇게까지 내모는 것은 모두 상처받을까 봐 두려워서다. 모든 방어기제를 풀고 상대방에게 의지하고 싶어지거나 보살핌을 받고 싶을 때, 상대방이 그렇게 해 주지 못하고 심지어 거부한다면 그 좌절감은 마치 부모에게 거절당한 아이

내 상처가 사랑을 밀어내지 않게 하려면

처럼 깊은 아픔을 느끼게 한다. 그리고 종종 이것은 과거 부모와의
아픔을 되살린다.

'보세요, 이 세상에는 믿고 의지할 수 있는 사람도 없고, 나의 취
약함을 끌어안아 줄 사람도 없어요.'

이 얼마나 슬프고 좌절감이 드는 감정인가.

4.
아무도 나를
이해할 수 없다는 감정

'누군가에게 의지할 것인가, 홀로 독립할 것인가?'

'나를 온전히 받아 줄 수 있는 사람을 찾을 것인가, 아니면 아예 기대감을 버릴 것인가?'

이런 생각 속에서 헤매다 보면 이 세상에 나를 온전히 이해해 주는 사람이 없다고 느끼기 쉽다. 우리는 낭만적 사랑에 관한 환상을 끊임없이 보고 들으며 '나를 진심으로 사랑해 주는 사람'을 갈망한다. 하지만 이런 무조건적 이해와 수용, 포용을 바라는 이유가 어린 시절 경험하지 못한 일종의 결핍에서 비롯되었다는 사실은 쉽게 간과한다.

우리는 부모를 선택할 수는 없어도 최선을 다해 노력하면 우리의 욕망은 실현할 수 있으며, 나를 사랑해 주는 사람을 선택할 수 있다고 믿는다. 상대방이 충분히 나를 사랑한다면 내가 자신이나

내 상처가 사랑을 밀어내지 않게 하려면

상대방을 위해 미처 하지 못했던 일을 포함하여 내가 기대하는 모든 일을 해 주리라 믿는다. 하지만 이것은 실현 불가능하다. 사회는 낭만적 관계가 우리를 구원해 주리라 가르치지만 그것은 환상에 지나지 않는다.

상대방이 내 기대와 욕구를 충족시키지 못할 때마다 내면의 감정이나 생각을 점점 말하지 않게 되고, 더는 상대방이 나를 이해하기를 바라지 않는 지경에 이른다. 이미 그동안 쌓인 실망감에 사로잡혀 '아무도 나를 이해하지 못해.'라는 내면의 목소리를 믿기 때문이다. 이런 내면의 부정적인 꼬리표는 무력감과 좌절감, 상처를 가져다주고 결국은 더 이상 자신에 대해 어떤 말도 상대에게 하고 싶어지지 않게 만든다.

우리는 마음속에 품고 있는 '말하지 않아도 나를 이해해 주고, 애써 적응하지 않아도 나에게 맞춰 줄 수 있는' 배우자가 얼마나 이상적이고 비현실적인지 차마 깨닫지 못하고 있다. 또한 상대방도 자신의 욕구와 감정을 가진 독립적인 사람이고 결코 나를 위해 살지 않는다는 사실도 잊어버린다.

우리가 이상적인 배우자의 이미지를 그리고 낭만적 관계를 꿈꾸는 것은, 과거에 만족하지 못했던 내면의 어린아이를 만족시키기 위한 것이다. 내면의 커다란 공허함을 메우고 싶은 마음으로 말이다.

사랑을 통해 무엇을 얻고 싶은가

우리의 친밀감과 사랑에 대한 착각은 실제로 우리의 '불안감'에서 비롯되었으며, 이 불안감은 내면의 '친밀감에 대한 두려움'과 밀접한 관련이 있다. 그래서 우리는 배우자를 선택하고 연애 방식을 결정하는 데 도움이 되는 일종의 '논리'를 열심히 추구하게 되는데, 이러한 방식과 기준을 통해 어린 시절에 얻지 못했던 사랑과 안정감을 얻을 수 있다고 믿는다.

그러나 정작 **우리가 추구하는 상대방에 대한 기준에 문제가 있음을 깨닫지 못한다.** 실제로 이 기준은 매우 명확하고 융통성이 전혀 없다. 이런 확실한 기준은 우리가 불안하고 자기 자신을 인정하지 않을 때, 자신의 능력을 신뢰하지 않을 때 강력해진다. 이러한 경직된 '확실함'은 잠깐의 불안감을 해소하여 일시적인 안정감을 줄 수는 있지만, 관계 속에서 진정으로 서로를 이해하고 안정된 관계를 구축하는 데는 도움이 되지 않는다.

사람은 복잡하고 다양한 모습을 가지고 있다. 누구도 '이것 아니면 저것'이라는 기준을 충족하는 것은 불가능하다. 배우자 역시 마찬가지다.

- 그가 당신을 이해하지 못하는 부분이 있을 수 있지만, 분명히 이해하는 부분도 있다.
- 그가 당신을 지지하지 못하는 상황이 있을 수 있지만, 때로는 당신에게 따뜻함을 줄 수 있다.

내 상처가 사랑을 밀어내지 않게 하려면

불안감에 휩싸여 있으면 본능적으로 관계 안에서 자신이 이상적으로 생각하는 '안전감'을 얻으려고 한다. 이때 상대방이 나의 기대와 다르게 반응하면 그것을 '불안'으로 판단하고, 자신이 추구하는 안전감을 '사랑'이라고 오해한다. 하지만 가장 친밀한 관계, 사랑하는 관계는 서로 이해해야 하는 부분이 많다. 우리가 원하는 대로 상대방이 안전감을 주길 기대하는 것은 사실 내면의 불안에서 비롯된 통제 행동이며, 그렇게 형성된 안전감은 때로는 취약하고 유지하기 어려울 수 있다.

물론 자신이 요구하는 모든 것이 상대방을 통제해 안정감을 얻는 것은 아니다. 우리가 내면의 감정을 충분히 인식하지 못하고 어떻게 표현해야 할지 모르면, 우리는 일시적인 안정감을 얻기 위해 상대를 통제하거나 무언가를 요구할 수 있다. 이러한 '행동'은 실제로 친밀감의 두려움에서 비롯되며, 불안을 완화하기 위한 '생존 전략'이다.

어린 시절부터 시작된 관계를 위한 생존 전략

나는 2023년에 출간한 『수치심 트라우마 羞辱創傷』라는 책에서 '생존 전략'과 그것이 우리에게 미치는 영향에 대해 충분히 이야기했다. 사실 **어린 시절 중요한 사람들에게 받은 보살핌의 경험과 그들과의 관계는 친밀한 관계에 대한 우리의 상상력을 자극하고 형성한다.**

어린 시절, 안정적이고 큰 노력이나 조건 없이 사랑을 받았다면 우리의 전략적 선택은 실제로 더 유연해지고 상대방의 요구를 더 잘 듣고, 자신의 감정을 더 잘 이해하게 된다. 하지만 어린 시절 무섭거나 불안정한 관계를 경험했고 방치되거나 심지어 정서적 또는 신체적으로 학대까지 받았다면, 이런 트라우마는 불안의 근원이 될 수 있다. 또한 친밀한 관계를 형성할 때 스트레스가 많은 사건이나 갈등이 발생하면 과거 자신의 생존 전략을 발휘해 상처로 얼룩진 관계 패턴을 되풀이한다.

생존 전략: 싸우기, 회피하기, 경직되기, 비위 맞추기

관계에서 트라우마를 경험한 사람은 스트레스를 받으면 불안에 사로잡힌 나머지 살아남기 위해 대개 본능적으로 반응한다. 가장 흔히 볼 수 있는 생존 전략은 싸우기, 도망치기, 경직되기, 비위 맞추기로 요약할 수 있다.

- **싸우기**: 자신의 실망과 불안을 공격과 비난으로 반응한다.
- **회피하기**: 자신을 보호하기 위해 벽을 쌓는다. 예를 들어 상처받지 않기 위해 일이나 취미, 게임 등 관계 문제를 직접적으로 다루지 않음으로써 불안을 줄인다.
- **경직되기**: 관계에서 무력감을 느끼지 않기 위해 무반응이나 침묵, 약물 및 알코올 중독, 접촉을 줄이는 방식을 택한다.
- **비위 맞추기**: 타인의 비위를 맞추고 타인의 요구를 충족시켜 일시적인

안도감을 얻고 가능하면 상처와 갈등을 피해 관계를 유지하려 한다.

경직되기와 비위 맞추기는 회피하기와 싸우기가 변형된 것처럼 보일 수 있다. 하지만 어떤 전략을 쓰든, 효과는 일시적일 뿐 친밀한 관계에서는 얼마 지나지 않아 큰 어려움이 발생한다. 이 같은 생존 전략을 반복적으로 써서 관계를 유지한다면 표면적인 불안은 해결할 수 있을지 몰라도 자신과 상대방의 내면을 이해하기 힘들 뿐더러 더 깊은 논의와 타협, 포용과 이해에는 이를 수 없다.

대체 어린 시절은 우리의 친밀한 관계에 어떤 영향을 미치는 걸까? 그리고 우리의 생존 전략은 어떤 '친밀감의 두려움' 때문에 형성된 것일까? 이어서 어린 시절이 친밀한 관계에 미치는 영향과 친밀감에 대한 두려움이 어떤 모습인지 자세히 살펴보자.

5.
내면아이가 친밀한 관계에
미치는 영향

친밀한 관계에 관해 이야기할 때 어김없이 존 볼비John Bowlby의 애착 이론이 언급된다. '애착 이론'은 1950년대 심리학자 존 볼비가 정립한 것으로 정서적 유대를 매우 강조한다. 그의 연구에 따르면, 인간은 누구나 유아기와 아동기에 기본 욕구를 채우기 위해 부모(또는 주 양육자)와의 정서적 유대감과 상호작용을 중요시하고 의존한다. 애착 이론을 바탕으로 한 치료 학파인 EFT(감정 집중 치료)에서는 좋은 애착 관계는 세 가지 요소와 관련이 있다고 본다. 이는 친밀감을 형성하는 데도 중요한 요소다.

1. 친화성

2. 반응성

3. 감정 몰입도

내 상처가 사랑을 밀어내지 않게 하려면

- 내가 당신을 원할 때, 당신이 그곳에 있으리라는 확신이 있다(친화성).
- 당신이 나에게 주의를 기울이고 반응해 줄 것이다(반응성).
- 당신이 나와 내 감정을 중요하게 생각하고 신경 써 줄 것이다(감정 몰입도).

관계를 맺을 때 위의 세 요소가 안정적이고 예측할 수 있게 나타나면 친밀감과 안정감은 자연스럽게 높아질 것이다. 관계에 대한 자신의 이해와 다른 사람 및 세상에 대한 상상력도 긍정적으로 변화할 것이다. 또한 자신에 대한 호감도 높아지고 자기 가치도 안정적인 곡선을 그리게 된다(나는 소중하고 다른 사람의 관심을 받고 있다).

친밀한 관계와 안정감

건강한 애착 관계를 형성하면 '안정 애착Secure'이 될 가능성이 커진다. 그러면 왜 좋은 애착 관계가 안정감을 높일까? 먼저 여기서 '안정감'이 무엇을 의미하는지 다시 살펴보자. 어린 시절에 안정감을 얻는다는 것은 다음을 의미한다.

- 나의 필요가 충족되었고 충분한 보살핌을 받고 있으며 중요한 사람이 나를 돌봐 주었다.
- 내가 어떤 감정을 느낄 때, 누군가 나를 주목하고 반응해 주었으며 중요한 사람이 나의 아픔을 위로해 주었다.

- 중요한 사람이 나에게 관심을 기울였기에 내가 소중한 존재임을 느낄
  수 있었다.

따라서 만약 유아기나 아동기에 상당한 안전감을 느꼈다면 '내가 고통스러울 때 혼자 감당하지 않아도 된다. 나는 다른 사람에게 의지할 수 있고, 다른 사람은 나를 도와줄 것이다.'라고 생각해 세상을 신뢰하는 데 커다란 도움이 된다. 또한 '나는 이 고통스러운 시간을 충분히 견뎌 낼 수 있으며, 다른 사람들은 나에게 사랑과 지지를 기꺼이 줄 것이다.'라는 자신에 대한 자신감도 증가할 뿐만 아니라 자존감을 향상시키는 데도 도움이 된다.

애착 유형에 따라 관계 맺음과 반응이 달라진다

어린 시절 부모나 주 양육자와의 경험에서 어떤 이유에서든 자신의 감정 표현이 반응을 얻지 못하는 경우가 있다. 그럴 경우 자신이 부모에게 중요하다는 느낌을 받지 못하고, 심지어 부모의 감정과 요구에 '서비스'를 해야만 자기 삶이 평온하고 위협받지 않을 수 있음을 감지한다. 이러한 충족되지 못한 감정적 요구와 개인의 기질이 결합하면 불안정한 애착 관계를 형성할 가능성이 커진다

한 번쯤 불안정 애착 유형을 들어봤을 것이다. 여기에는 불안형 애착Anxious attachment, 회피형 애착Avoidant attachment 또는 혼란형

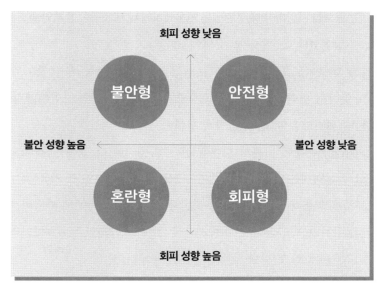

켈리 브레넌(Kelly Brennan)의 성인 애착 유형에서 인용

애착Disoriented attachment(혼합형 애착)이 포함된다. 하지만 많은 연구에서 확인되었듯이 이러한 애착 유형은 '정확히 분류된 유형'이 아니라 사분면에서 이동하거나 편향된 상태다.

위의 그림에서 애착 유형은 크게 두 가지 특성을 강조한다.

1. 관계에 불안도가 높거나 낮음
2. 관계에 회피도가 높거나 낮음

따라서 관계에 대한 불안도가 그리 높지 않지만, 회피도가 높은 사람은 '회피형 애착'에 가깝고, 관계에 대한 불안도는 높지만 회피도가 낮은 사람은 '불안형 애착'에 가깝다고 할 수 있다. 만약 관계에 대해 불안도도 높고 회피도도 높은 사람은 '혼합형 애착(켈리 브레넌은 이를 혼란형 애착이라고 불렀으며, 이 애착 유형의 표현은 전형적이지 않다고 보았다)'에 가까울 것이다.

불안형 애착이나 회피형 애착, 혼합형 애착은 각기 다른 형태와 양상을 보인다. 이런 애착 유형은 우리가 관계를 어떻게 생각하고, 그 관계가 우리 삶에서 얼마나 중요한지를 보여 주는 하나의 방식일 뿐이지만, 마음속 깊은 곳에서 오는 요구를 마주할 때 우리는 각기 다른 행동을 보일 수 있다.

예를 들어 자신의 애착 유형은 불안형에 가깝더라도 불안 상황에서 갈등이 관계를 해칠 수 있다고 생각해서 본래의 애착 유형과는 다른 '회피'로 반응하기 위해 상대방의 비위를 맞추거나 현실에서 도망가는 방식을 사용할 수 있다.

불안정 애착 유형을 포함한 다른 모든 유형은 기본적으로 외로움과 더불어 관계의 상실과 관련이 있다. 이러한 상실은 내면에 상처를 남기고 삶의 '미해결 과제'처럼 우리에게 항상 충족되지 않은 감정적 욕구를 품은 채 살아가게 한다.

이러한 감정적 요구는 앞서 언급한 것처럼 원가정, 주 양육자와의 상호작용과 관련이 있다. 이러한 상호작용과 환경에 개인의 내적 해석이 더해지면 **자신의 상처를 해석하고 자신과 세상을 바라보**

내 상처가 사랑을 밀어내지 않게 하려면

는 방식과 시선이 만들어진다. 그리고 이러한 내적 해석은 '내면의 신념'으로 굳어져 쉽게 바뀌지 않는다. 이 신념은 마치 우리에게 내려진 저주처럼 느껴질 수 있으나 동시에 우리 삶의 기반이 되기도 한다. 우리의 마음은 이러한 삶의 경험과 내면의 신념을 바탕으로 자신을 해석하고 다른 사람의 행동이나 세상을 이해하고 해석하는 '프레임'을 형성한다.

이는 우리가 트라우마와 좌절 또는 낯설고 견디기 어려운 상황에 직면했을 때 '해석'을 통해 불확실하고 통제 불가한 어려운 상황에 대처할 수 있게 해 주고 어떤 면에서는 위로와 안정감을 준다. 이 해석이 실제로 우리의 자존감을 낮추고 자신이나 다른 사람, 세상에 대한 신뢰를 떨어뜨리고 상처를 준다고 하더라도 이를 통해 우리는 내면의 고통을 다루는 방법을 알게 된다.

이것이 바로 **우리가 상처를 입고 관계가 끊어질 수 있음에도 불구하고 내면의 신념을 고수하는 이유다.** 왜냐하면 이 '안정적인 해석'이 없으면 우리는 불안정한 상처와 두려움에 맞설 수 없기 때문이다. 즉, 이 신념은 불안한 우리에게 현재 상황을 이해하고 살아갈 방법을 찾게 해 주는 '생존 전략'이다.

어린 시절 형성되는 내면의 신념과 부정적 꼬리표

성장 과정에서 다른 사람과 상호작용하며 자신을 대하는 방식과 환경 조건을 바탕으로 자신과 타인, 환경에 대한 해석을 형성하게 된다. 이것이 바로 내면의 신념이다. 일부 상담학파에서는 이를 '내적 작동 모델internal working models' 또는 '스키마schema'라고 부르기도 한다.

따라서 이 '신념'은 자신과 타인에 대한 우리의 관점을 형성한다. 때로는 이러한 믿음이 우리 내면의 두려움과 연관될 수 있다. 예를 들어 '버림받고 거부당하는 것에 대한 두려움'을 경험한 아이는 외로움을 느끼고 미움을 받거나 사랑받지 못할 때 그것과 더불어 버려지는 고통을 함께 느낄 수 있다. 이런 고통스러운 감정을 다시 겪지 않기 위해(감정의 재발을 피하기 위해) 이 감정을 설명할 이유를 찾으려 한다.

- 나는 버림받는 것이 두렵고(두려움) 정말 버림받을지도 모른다(신념).
- 분명히 내가 나쁘고 형편없는 사람이므로 버림받은 것이다(이유).
- 내가 부족해서 버림받은 게 틀림없다(이유).

이렇듯 자신의 내면에서 부정적 꼬리표를 붙인다.

통제 불가능하고 안정감을 느낄 수 없는 상황에 놓이면 상처를 받을 수 있다. 다만 이를 통해 앞으로 유사한 상황이 닥쳤을 때 어떻게 대처해야 할지, 어떤 마음가짐을 가져야 할지, 그래서 끔찍한 상황에 어떻게 대비할지를 배운다.

우리는 내면의 신념과 마음속 부정적 꼬리표에 기초하여 자동 반응과 같은 다양한 생존 전략을 개발해 낸다. 이는 싸움, 회피, 경

내 상처가 사랑을 밀어내지 않게 하려면

직, 비위 맞추기로 나뉘며, 이것들은 두려움과 생존의 불안을 일으키는 위험한 상황에 대처하는 데 도움을 준다. 예를 들어 '버림받을 것'이라는 신념을 가진 사람은 '싸움' 전략을 사용할 수 있다. 이러한 두려움이 다시는 일어나지 않게 하려고 온갖 방법을 생각해 낼 것이다. 과거 느꼈던 감정과 불안함이 나타나면 상대방을 통제하거나 공격하고, 비난이나 감정적으로 조종하여 상대방을 자신 곁에 머물게 하고 자신의 요구에 반응하도록 한다.

'회피' 전략을 사용하는 사람은 다른 사람에게 지나치게 의존하지 않고 혼자서도 얼마든지 살아남을 수 있을 정도로 아주 괜찮은 사람처럼 보이려고 애쓴다. 그러면 힘든 상황에 처하지 않게 되고 두려움을 마주할 필요도 없어진다.

'경직' 전략은 자신을 무감각하게 만들어 '나는 버림받을 것이다'라고 단정 지으며 세상과의 교류를 줄인다. 심지어 물질 의존의 깊은 구덩이에 빠뜨릴 수도 있다.

'비위 맞추기' 전략은 자신이 상처투성이가 되더라도 과도한 희생과 자신을 잃어버리면서까지 사랑을 얻으려 한다.

앞서 언급한 것처럼 통제감을 얻기 위해 우리는 차라리 고통스러운 해석 방식을 선택하기도 한다. 그리고 이에 따라 '생존 전략'이 생겨난다. 이러한 해석은 우리에게 익숙한 안정감을 준다. 가장 고통스러울 때 의지한 것들은 고통을 함께 견뎌 낸 '이유'가 되기 때문이다.

때로 우리는 살아갈 이유를 찾을 수만 있다면 조금 더 버텨 낼 힘이 생기는 것 같다. 큰 좌절과 압박을 받을 때마다 내면의 신념과 마음속 부정적 꼬리표가 나타나 우리에게 깊은 상처를 남겨도 우리는 결코 그것을 놓지 못한다. 왜냐하면 이는 우리가 통제할 수 없는 상황에서 빠르게 안정감을 가져다주는 유일한 방법이자 경험이기 때문이다.

이쯤 되면 우리는 현재 상황을 스스로 해석하고, 자기 내면의 신념을 형성하는 것이 매우 중요하다고 느낄지도 모른다. 왜냐하면 '내면의 신념'이 '위험'을 피하는 데 도움을 주기 때문이다. 여기서 말하는 '위험'이란 두려움을 일으키는 것이다. 이 근본적이고 핵심적인 두려움은 친밀한 관계에서 우리가 쉽게 놓지 못하는 것이다. 놓아 버리면 상처로 돌아올 것이 뻔한 데다가 몸과 마음 역시 나를 아프게 했던 것들을 생생하게 기억하고 있기 때문이다. 그렇다고 이러한 두려움을 놓지 않고 내면의 신념과 부정적 꼬리표를 만들어 버리면 오히려 흔들리지 않는 신념과 꼬리표가 관계를 망가뜨릴 수 있다. 이것이 바로 '친밀감에 대한 두려움'이다. 가까워질수록 사랑할수록 불안하고 두려워지는 것이다.

그렇다면 '친밀감의 두려움'과 함께 이 두려움이 우리 내면의 신념과 생존 전략을 어떻게 형성하게 하는지 살펴보자.

내 상처가 사랑을 밀어내지 않게 하려면

6.
사랑의 패턴이 반복되는 데는
이유가 있다

부모와의 관계에서 우리는 자신의 욕구가 충족되는지 아닌지를 느낀다. 예를 들어 '존중받고 싶은 욕구, 사랑받고 싶은 욕구, 보살 핌과 이해를 받고 싶은 욕구, 안전과 안정을 원하는 욕구' 등이다. 이러한 욕구가 충족되지 않으면 친밀한 관계에서 느끼는 '미해결 과제'*가 되고, 그것은 우리 자신과 타인, 세상을 바라보는 토대가 된다. 예를 들어, 어린 시절 자주 무시당하고 관심을 받지 못했다고

---

* **미해결 과제(unfinished business):** 원망이나 분노, 고통, 슬픔, 죄책감, 유기감 등 표현하지 못한 감정이나 느낌을 가리킨다. 과거 충분히 인식되지 않고 해결되지 않은 경험이나 감정이 우리 주변을 배회하며 현재에도 영향을 주고 다른 사람과의 관계를 방해한다. 자신이 표현하지 못한 감정과 문제를 기꺼이 마주하고 처리한 후에야 미해결 과제는 과거로 돌아갈 것이다. 제럴드 코레이(Gerald Corey)가 쓴 『심리상담과 치료의 이론과 실제 (Theory and Practice of Counseling and Psychotherapy)』(2017) 인용.

느낀다면 '관심받고 싶은' 미충족 욕구를 갖게 되고, 이를 바탕으로 '나는 소중하지 않아.', '나는 버림받았어.'라는 자신과 타인에 대한 관점이 형성된다. 그리고 이런 관점은 내면의 부정적 꼬리표로 자리 잡는다. '관심받고 싶은' 미충족 욕구는 관계 안에서 미해결 과제로 남아 이 욕구를 충족시켜 줄 수 있는 관계를 찾으려고 한다.

관계에서 이런 미해결 과제가 다시 생겼다는 느낌이 들면 내면의 부정적인 꼬리표가 작동하기 시작하고 '나는 소중하지 않아.', '그 사람은 나를 버릴 거야.'라는 감정이 스멀스멀 올라온다. 그리고 이러한 감정은 '버림받는 것에 대한 두려움'이라는 친밀감에 대한 두려움을 불러일으킨다. 또한 이런 내면의 부정적 꼬리표와 친밀감에 대한 두려움은 자기만의 '내면의 신념'을 만들어 간다. 이것은 자신과 타인을 부정적 관점으로 해석하는 일종의 '생존 전략'으로 완성되어 친밀감에 대한 두려움 때문에 생겨난 여러 부정적 감정이 미치는 영향에 대처한다.

그러나 이렇게 친밀한 관계에서의 미해결 과제와 과거 형성된 내면의 부정적 꼬리표가 친밀감에 대한 두려움을 일으키고, 그 후 내면의 신념과 생존 전략을 형성한다. 이 일련의 자동화된 과정이 바로 우리 내면에서 되풀이되는 사랑(친밀한 관계)의 시나리오다.

즉, 친밀감에 대한 두려움은 실제로 우리 내면의 친밀한 관계에 대한 미해결 과제와 이를 해결하기 위해 형성된 일련의 해석(내면의 신념)에 따른 결과다. 관계에서 우리는 '이것이 가장 두렵다'고

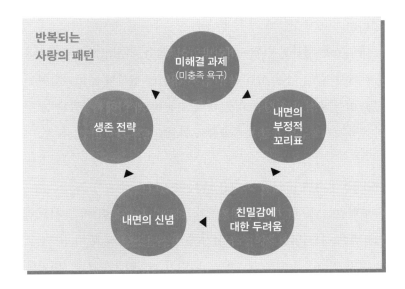

반복되는 사랑의 패턴

- 미해결 과제 (미충족 욕구)
- 내면의 부정적 꼬리표
- 친밀감에 대한 두려움
- 내면의 신념
- 생존 전략

정의하며, 다시는 이런 두려움을 느끼지 않기를 갈망한다.

그러나 이러한 친밀감에 대한 두려움에서 벗어나기 위한 생존 전략은 우리의 욕구를 충족시키지 못할 수 있으며, 오히려 사랑과 관계에 대한 갈망이나 실망을 고조시켜 다시 친밀감에 대한 두려움과 깊이 연결하며 상호 강화하는 관계로 발전한다.

그렇다면 가장 흔히 볼 수 있고 가장 쉽게 관계에 영향을 미치는 친밀감에 대한 두려움이 우리의 신념에 어떤 영향을 미치는지 살펴보자.

버림받는 것에 대한 두려움

대부분이 버림받을지 모른다는 두려움을 가지고 있다. 생존의 관점에서 보면, 어린 시절 생존 능력이 없는 상태에서 버려졌다면 결코 살아남을 수 없다는 것을 의미한다. 따라서 '버림받았다'는 것이 무엇보다 가장 큰 감정적 반응을 일으킬 수 있다.

어린 시절의 영향

버림받는 것에 대한 두려움이라고 하면 대부분이 어린 시절에 버림받은 경험이나 불안정한 성장 환경, 부모에게서 받아 본 적 없는 사랑과 관심을 떠올릴 것이다. 이러한 경험들은 확실히 '버림받는 것에 대한 두려움'을 형성할 가능성이 있다. 물론 이와 비슷한 경험을 했더라도 '버림받는 것에 대한 두려움'을 느끼지 않는 사람도 있다. 또는 '부모가 나를 떠난 경험이 없는데 나는 왜 이렇게 버림받는 게 두려운 걸까?'라는 의문을 가질 수도 있다. 따라서 어린 시절의 경험이 '버림받는 것에 대한 두려움'에 가장 큰 영향을 미친다는 것을 이해해야 한다. 이를 위해서 다음 두 가지 포인트를 고려한다.

- 나는 환경과 사람을 통제할 수 없다고 느낀다(기본적인 안전감의 상실).
- 나는 자신이 소중하지 않다고 느낀다(정서적 유대감과 지지, 보호의 부족).

이 두 가지 요소는 어린 시절의 경험을 통해 버림받는 것에 대한 두려움을 형성하는 데 중요한 역할을 한다.

• 기본적인 안전감의 상실

'환경과 사람을 통제할 수 없다고 느끼는 것'은 우리가 주변 사람들과 환경을 예측할 수 없다는 것을 의미한다. 예를 들어 자신의 의사와 상관없이 언제라도 다른 곳으로 보내질 수 있거나, 생활환경이 갑자기 바뀌거나, 주 양육자의 감정이 불안정하고 보살핌이 이루어지지 않는 것이다. **가장 흔한 경우는 중요한 사람이 예고 없이 떠나는 것이다.** 특히 부모가 이혼이나 사망 등의 이유로 자신의 삶에서 사라지는 경우를 말한다.

사망이 부모의 '비자발적인' 이유일지라도 아이는 '소중한 사람이 갑자기 떠나서 다시는 볼 수 없다'는 상실감과 박탈감을 느끼고 평생 그 감정에 휩싸일 때가 많다. 상대방이 나에게 중요할수록 그 감정은 훨씬 더 고통스럽다. 그래서 '내 소중한 사람이 나를 떠날 수 있고, 나는 버림받을 수 있다'라는 감히 말로 표현할 수 없는 두려움이 마음속 깊이 자리 잡는다.

물론 동일한 경험을 했더라도 그 경험을 어떻게 해석하는지는 저마다 다르기 때문에 받아들이는 영향에는 큰 차이가 있다. 만약 내가 환경 변화에 예민하고, 그 변화의 원인을 자신의 탓으로 돌린다면 환경 변화나 변화의 조짐에 좀 더 각별한 주의를 기울일 것이고, 그로 인해 더욱 명확한 감정 반응이 나타날 것이다. 이러한 감정 반응은 일종의 트라우마처럼 우리 뇌 깊숙이 새겨져 더 이상 상처받지 않도록 도움을 준다.

많은 아이에게 갑작스런 환경 변화와 소중한 사람과 이별하는 일을 겪을 때 가장 감당하기 어려운 감정은 '무력감'이다. 이는 현재 상황에 도움이 되거나 변화시킬 수 있는 행동을 할 수 없다는 느낌이다. 이러한 무력감으로 아이는 더 불안하고 초조해진다. 그래서 살아남기 위해, 통제감을 얻어서 안정감을 누리기 위해 부모와의 이별과 환경 변화를 자신과 관련지어서 해석한다.

'내가 말을 안 들어서 이곳으로 보낸 거야.'

'내가 부족해서 부모님이 날 떠난 거야.'

이런 해석은 사실 '통제감'을 얻기 위한 것이다. 이유가 내게 있어야 조정하고 통제할 수 있는 방법을 찾을 수 있기 때문이다. 하지만 이유를 찾을 수 없거나 이 모든 것이 다른 사람에 의해 결정된 것이라면 이러한 '통제 불가능한' 느낌은 자신을 두렵게 하고 안정감을 느끼지 못하게 하며, 나의 생존에도 걸림돌이 된다. 이 유형의 아이들이 어린 시절 트라우마를 경험했을 때 사건의 발생 원인을 자신의 탓으로 돌리는 이유다.

• 정서적 유대감과 지지, 보호의 부족

어린 시절, 부모의 부재를 경험한 적이 없고 부모가 항상 곁에 있었는데도 무슨 이유에서인지 버림받을까 봐 두려워하는 이들이 있다. 이는 대부분 부모와의 상호작용에서 **정서적 유대감과 지지, 보호가 부족했기 때문이다.** 부모에게서 원하는 감정적 반응을 얻

내 상처가 사랑을 밀어내지 않게 하려면

지 못했거나 부모가 자신을 소중하게 여기지 않았다거나 혹은 부모가 다른 일이나 사람, 특히 다른 형제자매 등을 더 중요시한다고 느낄 때 이런 감정을 가질 수 있다.

부모는 자녀에게 자신의 감정이나 생각, 가치관을 가르치고, 자녀가 그 모든 것을 그대로 따르기를 바란다. 그래서 자녀가 자기주장을 적극적으로 펼치기 시작할 때, 부모는 그것에 지지와 반응을 해 주지 못하는 일이 발생한다. 이와 같이 자녀는 자주 무시당한다고 느끼거나 위험한 상황에 직면했을 때 '나 말고 아무도 나를 지켜주지 않는다'라고 생각하거나 다른 사람을 의지할 수 없다고 확신한다. 왜냐하면 감정적으로 누군가가 필요할 때나 실제로 위기에 처했을 때 부모가 반응하거나 보호해 주지 않아 실망한 경험이 있기 때문이다. 그들은 이러한 실망을 '내가 중요하지 않기 때문'이라고 해석한다.

'나는 중요하지 않기 때문에 버려질 거야.'라는 감정은 때때로 마음속 깊은 곳까지 파고든다. 이런 상황에서 어린 시절 그들은 '어떻게 중요한 사람이 될 수 있을까?' 또는 '버려지지 않기 위해 나는 너에게 의지하지 않겠다'는 생존 전략을 확장시키고, 이를 통해 상처와 두려움을 피하려고 한다.

'내가 당신에게 중요하지 않다고 느끼고 싶지 않다. 그러면 난 상처받지 않을 것이다.'

'내가 당신이 필요하다고 느끼지 않으면 두려워하지 않을 것이다.'

그래서 우리는 종종 상대방이 나를 중요하게 생각해 주기를 바라면서도 상대방이 자신의 요구나 친밀감에 대해 어떻게 응답하는지를 무시하거나, 서로를 중요하게 여기는 친밀한 관계를 구축하는 것을 피하기도 한다.

무엇을 선택하든 이는 내면의 어린아이를 보호하고 다시는 그런 두려움을 경험하지 않기 위한 것임이 틀림없다. 주위에 아무도 없고, 목이 터져라 울지만 누구도 응답하지 않는 공포와 무력감 말이다.

이것은 우리가 왜 '무의식적'으로 이러한 두려움을 신호로 받아들이고, 그것을 놓지 않으려 하는지를 설명해 준다. 과거에 버림받았던 두려움을 경험했다면, 우리는 '버려질지도 모른다'는 신호를 지나치게 경계하는 탓에 그 신호를 발견하는 즉시 버려지지 않기 위해, 혹은 버려지는 고통을 피하기 위해 많은 행동을 하게 된다. 그 결과로 관계 속에서 다양한 생존 전략이 생겨난다.

상대를 사랑할 때 우리는 취약해진다

만약 버려질까 봐 두렵다면 그것은 과거에 그런 경험이 있거나 현재 상황에서 걱정스러운 조짐이 있기 때문이다. 그렇다면 현재 안정적이고 충분한 사랑과 관심 속에 있다면 버려지는 것에 대한 걱정이 사라질까? 오히려 정반대일 것이다.

내 연애 경험을 이야기하자면 나는 사랑하는 사람을 만나 교제하면서 서로가 진심으로 사랑한다는 걸 충분히 느낄 수 있었고, 그에게는 나밖에 없다고 느껴질 만큼 특별한 감정을 느꼈는데도 불

내 상처가 사랑을 밀어내지 않게 하려면

구하고 새로운 감정이 생겨났다. 그것은 바로 알 수 없는 두려움과 불안이었다. '이러다가 어느 날 갑자기 그가 나를 버리고 떠나면 어떡하지?' 그러자 잠시 누렸던 행복은 한순간 사라져 버렸고 내 의지로는 붙잡을 수 없었다. 물론 여러 이론에서 분석했듯이 과거에 불안정한 애착 경험이 있으면 종종 버림받을까 봐 걱정하고 순간적으로 주어지는 친밀감을 편안하게 누리지 못한다. 나는 나중에야 우리 모두 '버림받는 것에 대한 두려움'을 안고 살아간다는 사실을 알게 됐다. 그것은 단순히 과거에 버림받은 상처가 있기 때문만은 아니다. 정서적 소외감을 경험했기 때문일 수도 있다. 하지만 더 중요한 이유가 있다.

상대를 사랑하고 소중한 존재로 여길 때, 우리는 취약해진다. 더 많이 사랑하는 사람이 약자가 된다는 논리대로 우리는 상대방에게 자신을 함부로 대해도 된다는 암묵적 동의와 허락을 했다는 것을 의미하기 때문이다.

이런 '취약함'은 우리를 불안하게 하고, 이런 불안은 스스로 보호할 수 없는 상황이나 누군가에게 상처받을 수 있음을 느낄 때 생긴다. 그래서 더더욱 버림받는 것에 대한 두려움에 집착하고 실제로 그런 일이 일어날까 봐 두려워한다. 이 불안과 두려움은 갈수록 커져 결국 모든 일을 해석하는 방식에도 영향을 미친다. 심지어 많은 일을 두려움의 증거로 보고 최종적으로 '그래, 나는 버려질 거야.'라는 내면의 신념을 형성해 간다.

두려움으로 모든 사건과 신호를 확대해석한다

우리는 두려움으로 인해 주변의 모든 사건과 신호를 지나치게 확대해석하고 모든 일을 그 해석에 끼워 맞추려고 한다. 이것은 매우 자연스러운 현상이다. 우리가 두려운 상황에 처하면 상처를 받는 것은 물론, 생존의 위협까지도 느낄 수 있기 때문에 그것을 피하거나 통제할 수 있는 능력을 기르기 위해 두려움을 '표시'하고 기억하려고 최선을 다하는 것이다. 그런데 이것은 우리의 불안을 더욱 증폭시켜 더 큰 두려움으로 몰아넣는 상황을 초래할 수 있다.

'공포증'에 대한 수업을 들은 적이 있다. 수업을 듣기 전까지만 해도 공포증이 있는 사람은 그 대상을 더 멀리할 것으로 생각했다. 예를 들어 뾰족한 물건에 두려움을 느끼는 사람은 뾰족한 물건을 피하고, 뱀을 두려워하는 사람은 뱀을 피할 것이라고 말이다. 하지만 수업 후에 나는 '회피'는 공포증을 가진 사람들이 보이는 최종적인 반응임을 알게 됐다. 오히려 그들은 두려움의 존재를 찾으려 주변을 주의 깊게 살핀다. 다시 말해 다른 사람 눈에는 뱀을 닮은 어떤 것도 보이지 않는데 그들 눈에는 너무 잘 띄고, 다른 사람에게는 바늘처럼 뾰족한 어떤 것도 보이지 않는데 그들은 너무 잘 찾아낸다. **그들은 다른 사람들과 달리 자신을 두렵게 하는 존재에 더 주의를 기울이기 때문에 더 불안해하고 무력감을 느끼며, 그 두려움은 갈수록 더 커져 간다. 이것이 바로 아주 전형적인 불안의 악순환이다.**

내 상처가 사랑을 밀어내지 않게 하려면

버림받는 것에 대한 두려움도 마찬가지다. 버림받은 경험이 있 거나 자신의 취약함이 걱정되고 상처받을까 봐 두려울 때, 우리는 버림받거나 상처받을 **가능성이 있는 모든 신호에 더 예민해진다.** 그 후 이 두려움이 자신에게 막대한 영향을 미친다고 느끼며, 결국 누군가 자신을 잠시 떠날 때마다 '나는 결국 버려질 거야.'라고 해 석한다.

내면의 신념(특히 부정적인 신념)은 특히 생존 불안과 관련된 경 우 조정하고 바꾸기가 어려우며, 쉽게 경직되고 자동 반응이 나타 나기 쉽다. 일단 우리 뇌는 '위험'과 관련 있다고 판단되면 이성보다 는 '본능'과 관련된 시스템을 따르기 때문이다. 그래서 흔히 "머리 로는 다 알겠는데, 막상 상황이 닥치면 그렇게 안 돼."라고 말한다.

이런 자동화된 반응 때문에 어떤 사람들은 "누가 버튼을 누른 것 처럼 생각할 새도 없었어."라고 하소연한다. 이것이 '버림받는 것 에 대한 두려움'이 친밀한 관계에 영향을 미치는 이유이기도 하다. "내가 상대방을 많이 사랑한다면 그 사람을 잃을 위험과 상처받을 가능성이 있으니, 차라리 그 관계에 만족하지 않는 게 나아요."라며 무의식적으로 자신을 '버릴 가능성이 있는' 대상을 찾고, 자기만의 방식대로 헌신하다가 상대방이 떠나는 것을 지켜보는 이들도 있 다. 그러고는 마지막에 이렇게 말한다.

"결국 버림받을 줄 알았어."

그래서 우리는 버림받지 않기 위해, 그런 위험을 감수하지 않기 위해 다양한 전략을 사용한다.

버림받지 않으려는 전략

예를 들어, 나는 내가 할 수 있는 최선을 다하면서 '나는 쓸모 있는 사람'이라는 사실을 보여 줌으로써 버림받지 않으려고 한다. 또한 '모든 달걀을 한 바구니에 담지 않는다'는 원칙을 고수하며 끊임없이 새로운 사람을 만나거나 동시에 여러 명을 만나 매력을 보여 주고 상대방의 관심을 끌면서 자신은 사랑받을 수 있고 버림받지 않을 것임을 확인하려 든다.

남성 내담자 A는 아내를 매우 사랑하지만, 항상 더 많은 여자를 만나 관계를 가져야만 안전감을 느낀다고 했다. 어릴 적 부모에게 버림받은 그는 마음 깊은 곳에서 안정된 관계를 갈망하고 자신의 가정을 꾸리고 싶지만, 실제로 가정을 이뤘는데도 불안은 멈추지 않았다. 그렇게 안심하고 있다가 여지없이 버림받을 것이라는 두려움이 그를 에워쌌다.

그는 행복을 느끼고 안심하고 싶을 때마다 불안감이 커졌고, 그러면 새로운 여성과의 관계를 통해 자신이 여전히 사랑받는 존재라는 사실을 확인받으려고 했다. 그는 '모든 달걀을 한 바구니에 담으면 안 된다'는 말이 '한 사람과의 관계를 신뢰하고 의존하면 결국 버림받을 것이다'라고 해석했는데, 그의 이런 생존 전략은 결국 그가 갈망하고 소중하게 여기던 관계를 깨트리고 말았다.

버림받는 것에 대한 두려움과 '나는 결국 버려질 거야.'라는 신념이 있는 한, 어떤 수를 쓰든 관계 안에서 상대방을 제대로 이해하

내 상처가 사랑을 밀어내지 않게 하려면

고 알아가기는 힘들다. 아울러 자신이 진정으로 원하는 것도 알 수 없고, 오히려 두려워하거나 원하지 않는 것에 얽매인다. 그래서 우리는 버림받지 않으려는 안전감을 늘리기 위해 애쓰면서 특정 관계에 억지로 머무르지만, 정작 그 관계에서 자신이 진정으로 원하는 것이 무엇인지를 놓치게 된다.

친밀한 관계에서 가장 중요한 것은 친밀감의 연결이며, 이는 우리의 감정과 요구를 분명히 알고 표현하고 서로 이해하며 반응하는 것과 관련이 깊다. 버림받는 것에 대한 두려움은 친밀감에 대한 두려움 중 가장 근본적인 두려움일 수 있다.

친밀감에 대한 두려움을 느끼는 사람들은 대개 종류가 다른 두려움도 함께 가지고 있다. '버림받는 것에 대한 두려움'은 우리 마음 가장 깊은 곳에 숨어 있어 눈치채지 못하는 동안 마음을 끌어당겨 관계 속에서 감정을 요동치게 하고 불안과 초조함을 야기한다.

때로는 버림받는다는 두려움에 갇혀 상대방에게 진정한 자기 모습, 진실한 감정과 욕구를 보여 주지 못한다. 이는 친밀한 관계를 방해하는 또 다른 두려움인 '나는 부족해'라는 두려움으로 이어진다.

'나는 부족해'라는 두려움

버림받는 것에 대한 두려움을 안고 있을 때 나의 단점과 약점이 버림받는 이유가 되지 않을까 걱정한다. 이런 '취약함'은 버림받는 것에 대한 두려움을 유발해 악순환의 굴레를 만든다. 그래서 스스로 취약함과 불안을 감추고 버림받을 가능성을 줄이기 위해, 어떤 관계에서든 나의 진짜 감정과 생각을 말하지 않으려 한다.

'나는 부족해'라는 두려움이 생기면 다른 사람에게 의지하지 않으려고 한다. 자꾸 의지하다 보면 나쁜 습관과 취약함이 생기기 쉽기 때문이다. '나는 부족해'라는 두려움은 자신을 취약하게 만드는 모든 가능성을 피하게 한다. 예를 들어, 나는 다른 사람 앞에서 결점 없는 사람인 척할 수 있고, 다른 사람이 나의 약점이나 취약한 감정을 보거나 나의 진짜 생각을 알지 못하도록 숨기는 것이다.

'나를 보여 준다'는 것은 거부당하거나, 좋아하지 않거나, 비판받을 위험을 감수해야 한다는 것을 의미한다. 그래서 아주 견고한 '가면'을 쓰거나 갑옷을 입고 나의 부족함이 드러나 상처받지 않도록 보호한다.

엄밀히 말하면 그것은 내가 '역할'을 설정하는 것이고 여기에는 사회나 부모에게 받아들여질 수 있는 나의 이상적인 자아가 투영된다. 이 '거짓 자아'는 나의 약점이나 취약한 감정, 또는 부족하다는 이유로 비난받거나 상처받는 상황으로부터 나를 보호해 주기 때문에 항상 살아남을 수 있다.

어린 시절의 영향

자신을 드러내는 것을 두려워하고 '나는 부족해'라는 두려움을 가진 사람은 대부분 모두 엄격하고 비판적인 가정환경에서 성장한

내 상처가 사랑을 밀어내지 않게 하려면

경우가 많다. 부모나 교사, 주 양육자로부터 성격이나 외모, 능력에 대해 부정적인 평가나 비난을 받은 적이 있다면 이때 생기는 불안 때문에 우리는 다른 사람을 만족시키기 위한 또 다른 자아를 만들어낸다.

'비난받는 자신'을 버림으로써 버림받는 두려움에서 벗어나려는 의도다. 또는 어린 시절 자신의 감정이나 생각을 표현했을 때 부모나 주 양육자에게 부정적인 반응이나 조롱받은 경험이 있으면 '내가 진짜 감정과 생각을 말하면 아무도 신경 쓰지 않을뿐더러 긍정적인 반응이 오기는커녕 상처받고 비웃음만 당해.'라는 생각을 떨쳐버리기 힘들다.

　많은 사람이 상대방을 깊이 실망시킨 경험이나 다른 사람을 실망시킬까 봐 두려워하는 경험과 감정이 있다. 이러한 감정은 자신을 수치스럽고 부끄럽게 만든다. 그래서 진짜 자아를 숨기고 강인해 보이고 무관심하며, 감정의 동요가 없는 또 다른 자아로 세상 앞에 나서려고 한다. 이 자아는 다른 사람에게 받아들여지고 자신을 보호할 수 있기 때문에 더 이상 과거와 같은 고통과 상처를 받지 않게 해 준다.

　눈치챘을지 모르지만 여기서 맹점은 우리가 부족한 자아를 숨기고 다른 사람이 인정하고 받아들일 수 있는 자아를 발전시키려고 할 때, 진짜 자아를 버리고 '다른 사람에게 인정받는 자아'의 역할을 완벽하게 수행해야 한다는 점이다. 하지만 아무리 그 역할을 잘 연기한다 해도 우리는 그것이 진정한 내가 아니라는 것을 알고 있다. 이 역할을 잘 해내면 더 많은 사람에게 인정받겠지만 아이러니하게도 '진정한 나는 받아들여지지 않고 언젠가 버림받을 거야.'라는 생각이 더욱 짙어진다. 우리가 '다른 사람이 기대하는 나'라는 틀 안에 열심히 나를 끼워 맞추려 할 때, '부족한 나'를 버렸다고 생각한 그 순간에도 진짜 자아는 마음 한구석에 쪼그려 앉아 계속 울고 있다. 그 자아는 결코 떠나지 않는다.

그리고 우리가 아무리 그 역할을 잘해도, 다른 사람의 기대에 부응하고 놀라운 성취를 이루어도 여전히 불안할 뿐, 자신이 진정으로 사랑받고 버림받지 않을 것이라고 믿지 않는다. 우리에게 매우 중요하고 소중한 것은 오래전에 생존을 위해 보이지 않는 마음 깊숙이 감추어 버렸기 때문이다. 또 다른 자아의 시간은 우리가 상처받았던 순간에 멈춰서 결코 앞으로 나아가지 않는다.

'나는 부족하다'는 두려움의 생존 전략

'나는 부족하다'는 두려움 때문에 나타나는 생존 전략에는 여러 가지가 있다. 여기서는 가장 흔하고 자주 간과되는 두 가지 상황, 즉 '거절 회피'와 '완벽주의/미루기' 전략을 살펴보겠다.

• 거절 회피

'나는 부족하다'는 두려움을 가진 사람들에게 거절당하는 일은 마치 감정의 쓰나미가 밀려오듯 인생의 재앙을 불러오는 것과 같

내 상처가 사랑을 밀어내지 않게 하려면

다. 누군가에게 거절당하면 큰 수치심으로 돌아오기 때문이다. 그렇다면 수치심이란 무엇일까? 어떤 감정이기에 우리에게 이토록 큰 영향을 미치는 것일까?

다음과 같은 장면을 상상해 보자. 당신은 사람들 가운데 웅크린 채 앉아 있다. 당신이 소중하게 여기는 사람들이 당신을 둘러싸고 손가락질하고 비웃으며 조롱한다. "넌 많이 부족해!" 하지만 당신은 그들의 행동에 맞서거나 반박하지 못하고 참을 수 없는 부끄러움과 존재 가치조차 없다고 느낀다. 이러한 수치심은 자신을 괴롭히고 우울하게 할 뿐만 아니라 극도의 분노를 유발하기도 한다. 비웃음 받을 만큼 자신을 부족한 사람으로 느끼는 한편으로 그들에게 분노를 느끼기도 한다. 이러한 무력감과 취약함, 수치심, 분노 같은 감정은 누군가에게 거절당했을 때 가장 쉽게 드러난다.

우리가 어렸을 적 '나는 부족해'라는 두려움을 경험하게 된 것은 주로 부모나 다른 어른들에게 거절당한 것과 관련이 있기 때문이다. 부모가 자녀의 요구를 거절하고 지지해 주지 않으며 포용해 주지 않았던 행동은 우리가 사랑받지 못하고 소중한 존재가 아니라는 사실을 뒷받침하는 증거가 된다.

사실 우리는 아무도 나에게 설명해 준 적이 없기 때문에 이러한 거절이 꼭 나와 관련된 것이 아니라는 점을 구별하지 못한다. 이러한 감정을 안고 성장하면 거절을 마주할 때 설명할 수 없는 불안을 느낀다. 이 때문에 거절당하지 않으려고 가능한 한 도움을 요청하지 않고, 다른 사람에게 의존하지도 않으려고 한다. 왜냐하면 항상 '내가 부족하고 그만큼 소중하지 않아서 날 거절하는 거야.'라고 믿기 때문이다. 만약 거절당하면 과거에 익숙했던 '수치심'이 떠올라 큰 두려움과 불안에 휩싸일 수 있다.

이와 반대로 행동하는 사람도 있다. 그들은 여전히 도움을 청하고 필요를 요구하지만 거절당하면 내면에 큰 분노가 일어나 다른 사람을 공격하기 시작하고, 심지어 감정적으로 협박하거나 상대방에게 부정적인 말을 쏟아내기도 한다. 그러나 근본적으로 이러한 분노는 내면의 상처, 수치심과 관련이 있다. '내가 부족하고 중요한 사람이 아니라서 나를 거절하나? 어떻게 나를 중요하지 않다고 생각하지?'라고 생각한다.

· 완벽주의와 미루는 습관

요즘 완벽주의와 미루는 습관의 상관관계와 양면성을 다루는 책들을 쉽게 찾아볼 수 있다. 지나치게 엄격하고 부적절한 자기 요구는 자신에게 모든 시험과 성과에 대비하기 위해 언제나 과도한 노력과 준비를 강요한다. 그런데 너무 높은 기준과 타인의 기대치를 상상하는 것은 심각한 완벽주의나 미루는 습관으로 이어질 수 있다.

어떤 일을 처리할 때, 일 자체가 너무 어렵거나 자기 내면의 '부족함'을 대면하기가 두려워서 그 일을 일시적으로 피하거나 대면하지 않는 것은 매우 정상적인 상황이다. 다만 우리가 자꾸 피하려

내 상처가 사랑을 밀어내지 않게 하려면

고 하고 자신의 결점이 드러날 것을 걱정하고, 다른 사람에게 비난 받을까 봐 전전긍긍한다면, 우리는 삶의 모든 도전에 과도한 노력을 쏟게 되고 결국 자기도 모르게 몸과 마음, 관계에 불균형을 일으킨다.

배신과 기만에 대한 두려움

어떤 사람들은 관계에 몰입하고 상대방을 매우 소중히 여기지만, 높은 불안감을 느낀다. 그들은 종종 상대방이 자신을 배신하거나 속이지 않을까 늘 걱정한다. 이러한 두려움이 현실이 되지 않도록 그들은 모든 방법을 동원해 상대방을 통제하고 상대의 생활 전반과 감정, 생각, 행동에 이르기까지 완벽하게 장악하려고 한다. 그래야 자신이 속거나 배신당할 가능성이 사라진다고 생각하기 때문이다.

반면에 '어차피 믿을 수 있는 사람은 없고, 나는 언제나 배신당하거나 속는다.'라고 생각하는 사람들도 있다. 그래서 오히려 모든 사람과 가벼운 관계를 유지하고, 연인이나 배우자와도 친밀한 관계를 맺으려 하지 않으며, 자기 내면의 감정과 생각을 공유하기를 꺼려 하는 이들도 있다.

상대방을 통제하려고 하거나, 반대로 거리를 두고 자신을 안전하게 보호하는 것, 두 가지 전략은 모두 친밀감에 대한 두려움에 대응하는 반응이다. 이러한 전략은 상처받지 않기 위한 수단이지만,

동시에 서로를 진정으로 알아가고 친밀한 관계를 맺는 것을 가로막는 장애물이기도 하다. 항상 '믿어야 할까, 말까?', '날 속이는 건가, 아닌가?'라는 막연한 두려움에 시달린다.

어린 시절의 영향

이러한 두려움은 어린 시절 부모에 대한 환상이 깨지거나 안전한 보금자리가 무너지는 실제 경험에서 비롯되었을 가능성이 크다. 자신을 사랑해 주던 아버지가 외도를 했거나 늘 곁에 있던 어머니가 집을 나가서 다시 돌아오지 않는 경우가 그렇다. 또는 자라면서 과도한 체벌이나 정신적 또는 신체적 폭력, 심하게는 가정 내 성폭력 경험 등 신체적 또는 정서적 학대를 경험한 경우도 있다.

또 부모가 다른 사람 앞에서는 자녀를 매우 사랑하는 것처럼 행세하거나 사회적 지위가 높아서 사람들에게 존경받고 모범적인 가정인 척하는 사례도 있다. 그런데 정작 그 속을 들여다보면 **부모가 자녀와 사적으로는 그 어떤 상호작용도 하지 않고 매우 냉담한 태도를 보인다.** 예를 들어 자녀에게 매우 폭력적인 언어로 비난하거나 부부가 서로에게 상처 주는 말로 공격하기도 한다. 이런 가정에서 자란 아이는 어린 시절부터 **'이중성'을 경험**하는데, 여기서 나타나는 이중성은 다음과 같다.

- **나를 그토록 사랑해 주던 아버지가 외도를 하고 말도 없이 떠나 버렸다.**
- **나를 사랑한다고 말하던 어머니가 자기 행복을 위해 나를 버리고 떠**

내 상처가 사랑을 밀어내지 않게 하려면

났다.

- 사람들 앞에서는 나를 사랑한다고 말하는 부모가 집에서는 폭력을 일삼고 심한 욕설을 퍼부었다.
- 밖에서는 모범적인 부모처럼 보이지만, 보이지 않는 곳에서는 나와 다른 가족들에게 폭력을 행사하거나 신체적·정신적 학대를 일삼는다.

이러한 일들은 차마 다른 사람에게 말할 수 없지만, 사람들 앞에서 부모가 얼마나 다른 모습을 보이는지 여실히 알 수 있다. 말과 행동이 일치하지 않는 부모를 보면서 아이는 부모에 대한 의심과 분노, 그리고 씻을 수 없는 상처를 받는다. 그러면 성장한 후 다른 사람을 신뢰하지 못하고 배신과 기만에 대한 두려움 때문에 깊은 관계로 발전하는 것을 꺼린다.

또 다른 가능성은 부모 자신이 다른 사람에 대한 신뢰감이 매우 낮아 자녀에게 "이 세상은 위험하니까 가족 말고 다른 누구도 믿어서는 안 돼."라며 부모의 불안과 두려움을 끊임없이 세뇌시킨 경우가 있다. **부모의 불안과 두려움은 자녀에게 대물림되어 배신과 기만에 대한 두려움은 가정에 깊이 뿌리내린다.**

다른 사람의 감정에 대한 두려움: 무조건적인 순종

앞서 언급한 버림받는 것에 대한 두려움의 원인 중 하나는 무시당하고 부정당하는 감정과 관련이 있다. 이 영역은 종종 다음과 같은 방식으로 확장된다.

집안마다 가정의 분위기와 정서를 결정하는 가장 영향력 있는 사람이 있다. 대부분 그 사람의 기준에 맞추어 행동해야 하고, 자신의 감정을 억누르며 그의 감정과 생각에 순종해야 한다. 그러지 않으면 그가 나에게 상처를 주거나 고통스럽게 할 수 있기 때문이다. 버림받거나 사랑받지 못하거나, 무가치한 존재로 여겨질 수도 있다. 큰 소리로 꾸지람을 듣거나 모욕당하고, 부정적인 평가를 받을 수 있으며 정신적 또는 신체적 폭력을 당할 수도 있다. 또는 그에게 순종하지 않았을 때 그가 자해를 시도하거나 감정적인 협박을 가해 나의 죄책감을 유발할 수 있다. 그렇기 때문에 이러한 가정에서 살아남기 위해서라도 그의 방식에 맞추어 행동할 수밖에 없다. 내 목소리나 생각이 없어야만 한다. 혹시라도 내 목소리와 생각을 드러내면 상처를 받거나 미움을 받을 수 있다.

상대의 감정과 표정에 예민해진다

자녀라면 무조건 부모의 말을 잘 들어야 한다고 생각하고, 특히 여자아이는 더욱 그래야 한다고 생각한다. 가정에서 이런 규칙을 어기거나 따르지 않으면 사회에서도 외면당하고 가치 없는 존재가 될 것이라고 으름장을 놓는다. 심지어 그들의 자녀가 될 자격이 없다고 겁을 주기도 한다.

'다른 사람에게 순종해야 한다'는 두려움을 가진 사람은 그렇게 해야지 다른 사람을 기쁘게 하고 상대방의 호감을 얻을 수 있다고

내 상처가 사랑을 밀어내지 않게 하려면

생각할 수 있는데, 이 관점은 반은 맞고 반은 틀리다.

'다른 사람에게 순종하지 않으면 안 된다'는 두려움을 가진 사람들을 만나 보니 대부분 어린 시절 순종하지 않았을 때 사랑받지 못하는 것을 뛰어넘어 상처를 받았거나 심지어 벌을 받은 경우도 많았다.

부모의 격한 감정적 반응을 자주 목격했거나 부모에게 심한 꾸지람과 벌을 받았거나 아니면, 아예 냉담한 태도로 비난을 받는 등 부정적인 경험을 했다. '순종하지 않으면 문제가 생긴다'거나 '상대방의 감정에 압도당할 수 있다'는 경험은 우리에게 '다른 사람에게 순종하지 않으면 그들의 감정에 큰 영향을 받을 것이다'라는 인식을 깊게 심어 준다. 이런 경험을 통해 무조건 참아야 한다거나 상대의 비위를 맞추는 생존 전략을 선택하게 된다.

다른 사람에게 순종하는 것만이 미움을 받거나 괴로움을 당하거나 상처받는 일을 피할 수 있다. 하지만 이로 인해 정작 자신을 진정으로 드러내지 못하고 심지어 진정한 감정과 원하는 바가 무엇인지 알지도 못하게 된다. 그 결과 우리는 상대방에게 의지할 수밖에 없고 상대방의 인정과 평가에 따라 내 존재의 의미와 가치를 판단한다. 성인이 되어서도 여전히 다른 사람의 시선과 감정, 평가에 얽매여 한 발자국도 움직이지 못한다.

이는 사랑할 때 상대방의 표정과 감정에 최대한 주의를 기울이게 하고, 상대방의 감정에 상처를 받거나 압도당하고, 심지어 상처를 받지 않도록 최대한 순종하게 만든다. **그리고 때로 우리가 상대방에게 순종하는 것은 그를 사랑하기 때문이라고 착각할 때도 있다.**

하지만 깊이 들여다보면 사랑이 아니라 두려움 때문임을 깨닫는다.
결국 순종하는 것은 우리가 상대방을 통제하고 그들이 우리에게
상처를 주지 못하도록 해 생명을 구하는 부적과 같은 존재로 받아
들인다.

통제당하는 두려움: '자아 상실'의 공포

　통제받는 느낌을 매우 두려워하는 사람도 있다. 상대방이 자기
삶에 대해 너무 세세하게 묻거나 자신의 생활에 대해 조언하려고
할 때마다 감정적으로 반응하며 상대방을 공격하거나 심하게는 관
계 자체를 포기하려고 한다. 이와 관련된 사례를 살펴보자.

　일부 남성들은 친밀한 관계에서 상대방에게 통제되고 압도당할
것 같은 느낌을 받을 때가 있다. 이러한 상황에서 자신의 영역을 지
키기 위해 극단적인 감정 반응과 행동을 보이는 경향이 있다. 그들
이 말하는 영역에는 일상에서 일어나는 일, 자신의 감정과 생각, 필
요와 취향 등이 포함된다. 이런 사람들은 자발적으로 이야기하지
않는 이상, 상대방이 이와 관련된 질문을 던질 때 즉시 방어적인 태
도로 돌변한다. 말이 없거나 반응을 하지 않거나 못 들은 척한다.
심한 경우 화를 내며 공격하기도 한다.
　**하지만 '자신을 드러내는 것'은 친밀감을 형성하는 중요한 조건
이다.** 친구 사이든 친밀한 관계든 우리가 상대방에게 더 좋은 감정

　　　　　　　　내 상처가 사랑을 밀어내지 않게 하려면

을 느끼고 서로 잘 맞는다고 생각하는 경우는 다른 사람에게는 쉽게 말하지 않을 감정이나 비밀을 공유하고 그것이 이해받고 받아들여졌을 때다. 그러나 두 사람이 함께하면서 이러한 감정을 전혀 이해하거나 공유할 수 없다면 관계에 대해 공허함과 결핍을 느끼게 되고, 이는 긴장감을 형성할 뿐만 아니라 서로에게 지속적인 실망을 안겨 주기 쉽다.

문제는 상대방이 실망할 때 통제당하는 두려움을 가진 사람은 '내가 상대방을 실망시켰다', '나는 실패했다'라는 좌절감을 느끼며 더더욱 자신을 보호하려 든다는 것이다. 그들은 '내가 상대를 실망시키고, 동정이나 죄책감을 보이면 그들이 그 감정을 이용해 나에게 벌을 주거나 상처를 주고 통제하려 할 것이다'라는 과거의 경험이 있기 때문에 결국 아무것도 할 수 없는 지경이 된다.

그들은 상대방이 상심하거나 슬퍼하면 오히려 더 멀어지고 냉담하고 무정해진다. 이때 상대방은 이것이 그들의 자기 보호적 행위라는 사실을 이해하지 못하고, 자신이 필요할 때 상대방이 멀어졌다는 생각에 더 큰 마음의 상처를 받는다.

어린 시절의 영향

통제받고 자아가 소멸될 것이라는 두려움을 가진 이들은 어렸을 때 부모에게 억압당하고 통제당한 경험이 많다. 대만에서는 보이지 않는 아버지와 강압적인 어머니의 조합을 흔히 볼 수 있는데, 여기서 '보이지 않는다'는 의미는 꼭 아버지의 존재가 없다는 것이 아니라 아버지가 일 때문에 가정을 소홀히 하는 경우를 말한다. 어머니가 주 양육자이기 때문에 어머니와 자녀의 관계가 매우 긴밀하다. 어머니는 아이의 모든 생활의 세부 사항을 통제하고 싶어 하며, 자녀가 자신이 인정하지 않는 세상을 탐험하는 것을 허락하지 않는다. 예를 들어 자녀는 공부만 해야 하고 친구들과 자유롭게 놀 수 없으며, 오락거리도 제대로 즐길 수 없을뿐더러 어느 정도 나이가 들어도 여전히 선택의 자유를 얻지 못한다.

또한 아버지의 부재로 어머니가 자녀를 '감정적 배우자'로 여기는 경우도 있다. 어머니와 아들 또는 어머니와 딸 모두에게 가능한 일이며, 특히 어머니와 아들의 관계는 더욱 그렇다. 아들이 '배우자'의 역할을 대신 감당해야 할 때, 아들은 한편으로 어머니에게 순종하고 어머니의 감정을 충족시켜야 한다는 강압을 느낀다. 예를 들어 아버지가 없는 상황에서 어머니가 자신을 힘들게 키워 주셨기 때문에 어머니에게 '충성'해야 한다고 느끼는 것이다. 다른 한편으로는 어머니의 사랑에 숨이 막혀 자신의 존재를 잃어버릴 것 같은 느낌에서 탈출하고 싶어 한다.

이런 유형의 남자는 성장한 이후에 친밀한 관계를 맺을 때 상대방이 자신을 너무 사랑하거나 너무 많은 관심을 보이거나, 자신의 생활에 지나치게 관심을 보이는 등 비슷한 상황이 감지되면 갑자기 불안에 시달린다. 과거의 경험이 트라우마로 되살아나면서 자신을 보호해야겠다는 생각에 어떻게든 도망치려고 한다. 그렇게 하지 않으면 자아가 사라져 버리는 끔찍한 일을 경험하기 때문이다.

내 상처가 사랑을 밀어내지 않게 하려면

사랑받지 못하는 두려움 : 원하는 사랑을 받을 수 없어

원하는 사랑을 받지 못한다는 두려움을 가진 사람들은 연애나 인간관계에서 자신이 **미움을 받거나 충분히 사랑받지 못할까 봐 걱정하고, 이러한 자신의 신념을 사실로 확신한다.** 이런 두려움을 품고 있으면 항상 외로움을 느끼고 사랑과 인정을 받지 못한다고 생각한다. 또한 아무도 자신에게 관심이 없고 신경 쓰지 않으며 존재 가치가 없다고 느끼기도 한다. 그래서 사랑과 관심을 받을 기회가 생겨도 친밀감에 대한 두려움을 가진 사람들은 그 사랑의 진정성과 안정성을 쉽게 믿지 못한다. 어떤 사람들은 사랑의 정도를 확인하기 위해 상대방에게 끊임없이 확인받고 싶어 하고, 심지어 자신의 존재 가치를 확인하기 위해 때때로 상대방을 시험하려고 한다.

상대방이 자신의 기준을 충족시키지 못하면 자신의 내면에 '거봐, 아무도 나를 사랑하지 않아, 신경 쓰지도 않잖아.'라는 감정이 슬며시 고개를 든다. 즉, **원하는 사랑을 받지 못할까 봐 두려울 때 마음속에서 가장 중요하게 여기는 것은 '상대방이 항상 나를 소중하게 여겨야 한다'는 것이다.** 그래서 상대방이 계속 사랑하는지, 그 시선이 늘 나에게 있는지 확인하려고 한다.

친밀한 관계를 유지하기 위해 '상대방의 사랑이 그대로인지, 여전히 나를 소중하게 생각하는지'를 수시로 점검하고 확인하려고 하면 당연히 자신의 진정한 감정과 욕구를 드러내기 어렵고 결코 관계에 몰입할 수 없다. 이 관계가 자신의 기준에 부합하고 안전하다고 확인되어야만 몰입할 수 있기 때문이다. 하지만 자신의 기준에 맞는 그런 완벽하게 안전한 날이란 결코 있을 수 없다. 이런 마음가짐 때문에 두 사람 다 관계에 대한 불안과 두려움을 느껴 모두에게 시험이자 고통이 된다.

어린 시절의 영향

'나는 영원히 내가 원하는 사랑을 받을 수 없어.'라는 두려움을 지닌 사람들은 대개 어린 시절에 자신의 감정과 욕구를 무시당한 경험이 있다. 더 엄밀히 말하면 '부모가 둘 다 있지만, 없는 상태'를 경험했다고 할 수 있다. 이는 깊은 '박탈감'과 '결핍'을 초래한다.

이런 부모는 물질적으로나 물리적으로 보호자로서 생활에 필요한 것들을 제공하고 엄격한 규칙을 세울 수 있지만, 감정적으로 냉담하고 무관심하며 긍정적인 반응은 거의 찾아보기 힘들다. 자녀는 부모와의 상호작용에서 사랑의 교감을 느낄 수 없고, 부모의 진정한 감정과 자아를 느낄 수 없다. **자녀는 마치 사막의 여행자처럼 한 방울의 물도 찾을 수 없고, 한 방울의 사랑도 느낄 수 없다.**

자녀는 부모와의 상호작용에서 부모가 원하는 것이 무엇인지는 알지만, 부모가 나를 정말 사랑하고 중요하게 여기는지는 정확히 알지 못한다. 부모의 감정적 반응으로는 그것을 판단할 수 없기 때문이다. 언뜻 부모는 자녀에게 돌봄과 보호를 제공하므로 지녀에게 관심을 기울이는 것처럼 보인다. 그래서 때로 자녀는 '부모님은 나를 사랑해!'라고 자신을 설득한다.

내면의 자아는 무언가 잘못되었다는 것을 알지만 어디서부터

내 상처가 사랑을 밀어내지 않게 하려면

잘못된 것인지는 알 수 없다. 애정 결핍과 박탈감으로 무언가 부족하다는 것을 알지만, 한 번도 충분한 상태를 경험한 적이 없기에 '충분히'가 무엇인지 알지 못한다. 그러니 자신이 사랑받고 있다는 기준을 세울 수 없고, 뭔가 잘못된 것 같은데 표현하지 못한다. 그래서 다른 사람의 눈에는 이들이 생각이 너무 많아 보이기도 한다.

그렇게 어린 시절 이들은 내면의 공허함을 안고 살아가며, 마음속에는 끝이 보이지 않는 사랑의 블랙홀이 생긴다. 이들은 사랑에 굶주려 있고 이를 해결할 방법을 찾으려 애쓴다. 그래서 자라서도 상대를 계속 바꿔 가면서 끊임없이 연애를 하고 관계를 위해 극도로 자신을 희생하면서도 상대가 언제든 자신을 사랑하지 않을 수 있다는 두려움에 시달린다.

그래서 상대방이 자신을 '충분히 사랑한다'는 것을 확인하려고 끊임없이 '테스트'를 진행하지만 상대방의 반응이 만족스럽지 못하고, 그래서 충분히 사랑받지 못한다고 느낀다. 이들은 마음속에 어떤 이상적인 기준을 설정해 놓고 자신을 사랑한다면 반드시 이 기준을 충족해야 한다고 생각한다. 사실 이 기준이라는 것이 과거에 사랑받지 못한 경험에서 나온 상상의 결과물에 지나지 않는다. '나를 사랑한다면 이렇게 행동할 것이다'라는 내면의 소리가 지나치게 크면 현실과 큰 괴리감을 느낄 수 있다.

충분히 사랑받고 자란 아이들은 부모와의 상호작용을 통해 부모도 가끔은 어려움을 겪는다는 것을 이해한다. '내가 필요할 때 바로 반응하지는 않더라도 부모는 항상 내 곁에 있고 결국 반응해 줄 것이다'라는 흔들리지 않는 믿음이 있다. 그래서 아이들은 부모가 일시적으로 반응하지 않거나 관심을 기울이지 않아도 세상이 무너지는 것처럼 느끼지 않는다.

반면에 그렇지 못한 아이들은 안정적이고 반응이 있는 사랑이 무엇인지 경험할 기회가 없었기 때문에 상대방의 일시적인 부재와 무반응이 잠시일지, 영구적일지 판단하지 못한다. 이들은 중요한 사람에게 크게 실망했던 경험이 있기에 '내가 소중하지 않고 가치도 없다'라는 느낌에 너무나 고통스러워한다.

아예 관계를 맺지 않는다

이런 두려움과 상처를 가진 아이들은 충분한 안정감을 느끼지 못했기에 소중한 사람이 반응하지 않거나 떠나는 것이 일시적인지 영구적인지 분별하지 못한다. 그래서 소중한 사람이 결국엔 다시 돌아올 것이라는 믿음을 갖기 어렵다. 이들은 성장한 후에도 관계에서 동일한 감정을 경험할 때마다 처참하게 무너진다.

'나는 극단적인 감정으로 당신을 비난함으로써 이 위기 상황을 벗어나야만 한다.' 혹은 '나는 냉정하게 자신을 보호하고 상처받지 않기 위해 당신에게 의존하지 않고 떠나야 한다.'라는 마음을 먹는다. 더 나아가 이런 친밀감에 대한 두려움을 가진 사람들은 아예 관계에 몰두하고 싶어 하지 않는다. 대신에 일이나 물질적인 의존 등 자신이 신뢰할 수 있는 것에만 몰두한다. 일과 물질은 나를 끌어당기지만, 오히려 안전하고 실망시키지 않기 때문이다.

하루아침에 바뀌지는 않지만

지금까지 여섯 가지의 일반적인 친밀감에 대한 두려움을 간단히 살펴보았다.

우리는 어린 시절 부모와의 관계에서 형성된 친밀감에 대한 두려움이 각자의 성격, 경험, 능력에 따라 다양한 내면의 신념과 생존 전략으로 발전한다는 것을 알게 됐다. 이는 우리가 어떻게 살아야 하는지에 대한 지침이 되기도 하며, 다른 한편으로 되풀이되는 사랑 패턴이 되어 다른 사람과의 친밀한 관계를 방해할 수도 있다.

아마도 우리는 자주 방어적인 메커니즘을 사용하거나 자신이나 다른 사람에게 상처를 주는 생존 전략을 통해 자신의 두려움을 달래려고 할 것이다. 불안과 좌절의 순간에 위로와 보호, 보살핌을 받는 경험을 하지 못했기에 이런 방식으로 안전감을 얻을 수 있다는 것을 모르기 때문이다. **고통스럽지만 당시 유일한 선택지였던 자신에게 상처를 주는 방식에 집착하는 것이다.**

나는 이 책을 통해 당신이 친밀감에 대한 두려움을 천천히 발견하고, 이러한 두려움이 어떻게 내면의 신념과 사랑의 패턴을 형성하는지 이해하는 데 도움이 되었기를 바란다. 또한 이것을 깨달은 후에도 자신에게 큰 변화가 일어나지 않는다고 해서 실망하지 마

라. 과거의 상처에서 살아남기 위한 모든 몸부림과 노력은 언젠가는 성장의 증거가 될 것이다.

그 노력을 감사히 여기고 이제는 그것을 보내 주자.

당신의 인생이 내면의 두려움과 부정적인 습관, 그리고 부정적인 꼬리표에서 벗어나 내가 원하는 것을 이해하고, 자신과 타인을 알아가며 관계의 친밀감을 제대로 느끼고, 자신이 원하는 선택을 할 수 있기를 바란다.

이것이 바로 이 책에서 당신에게 가장 전하고자 하는 바이다.

2장

사람은 바뀌어도 반복되는 사랑의 패턴

– 영화 <혐오스런 마츠코의 일생>을 통해

1.
<u>마츠코 이야기</u>

앞서 우리는 내면의 신념과 두려움이 우리에게 미치는 영향에 대해 살펴봤다. 이제 내가 아주 좋아하는 영화 〈혐오스런 마츠코의 일생Memories of Matsuko〉을 통해 이러한 두려움과 신념이 어떻게 형성되고, 이것이 어떻게 우리의 반복되는 사랑의 패턴이 되어 친밀한 관계에 영향을 미치는지, 또 우리는 왜 가까워질수록 두려워하는지를 이해하는 데 도움을 주고자 한다.

가와지리 마츠코는 중학교 교사다. 중산층 가정에서 4남매 중 장녀로 태어난 그녀는 23살 때 한 사건으로 갑자기 학교를 그만두고 실종된 후 비참한 삶을 이어 간다.

수학여행을 떠난 어느 날이었다. 절도 사건이 발생하자 동료 교사들이 사건의 범인으로 마츠코 반의 학생인 류 요이치를 의심했다. 마츠코가 요이치에게 절도에 대해 물었지만, 그는 자신의 범죄를 인정하지 않았다. 마츠코는 '좋은 선생님이라면 학생을 믿어야 한다'는 자기 신념에 요이치에게 더 이상 추궁하지 않았다. 대신 그녀는 다른 결정을 내렸다.

가게 주인이 화가 난 이유는 돈을 도난당했기 때문이기에 돈을 돌려주면 주인의 화가 풀리리라 생각했다. 하지만 당시 도난당한 돈의 액수가 꽤 컸고, 마츠코에게는 그만한 돈이 없었다. '이 일을 빨리 해결하고 모두의 감정을 진정시키고 싶어.' 이런 압박감에 그녀는 같은 방을 쓰던 선생님의 돈을 몰래 훔쳐 가게 주인에게 돌려주었다. 하지만 가게 주인은 돈을 돌려받은 후에도 화를 누그러뜨리지 않았고, 오히려 마츠코에게 도둑질한 학생을 데려오라며 난동을 부렸다. 마츠코는 류 요이치에게 강요하고 싶지 않았다.

이것은 그녀가 설정한 '학생을 믿는 선생님'의 모습에 어긋나는 행동이었다. 또한 다른 사람과 충돌하고 누군가에게 자신의 요구를 강요하는 것은 그녀의 방식이 아니었다. 결국 가게 주인이 격분하자 그녀는 긴장감으로 불안해졌고 다음과 같은 행동을 보였다.

- **그녀는 익살스러운 표정을 지었다.**
- **그녀는 돈을 훔친 것이 자신이라고 인정했다.**

이 두 가지 행동은 다소 황당하게 보일 수도 있는데, 특히 '본인이 돈을 훔쳤다고 인정하는 부분'은 영화를 본 많은 사람이 이해하

내 상처가 사랑을 밀어내지 않게 하려면

기 어려웠던 장면이다. 이 사건은 마츠코의 인생에서 아주 중요한 전환점이 되었는데 우리가 마츠코의 생존 전략을 이해한다면 이 사건을 이해하기가 그리 어렵지 않다.

앞의 설명에서 짐작할 수 있듯이 마츠코는 다른 사람들과 집단의 감정을 매우 중요시하는 사람이다. 타인의 감정에 직면하면 마츠코는 쉽게 불안을 느끼고 자신에 대해 부정적인 감정을 느끼곤 했다. 이는 자신이 상처받을 것을 걱정하거나, 사람들에게 미움을 받을까 봐 걱정하기 때문이다. 마츠코는 이런 갑갑한 상황에 대처하기 위해 '생존 전략'을 사용하게 되는데, 그것은 바로 **'상대방의 비위를 맞추고 달래 주는 것'**이다. 여기에는 익살스러운 표정도 포함된다. 그녀의 익살스러운 표정은 어린 시절과 관련이 있는데, 나중에 자세히 살펴보자.

이외에도 마츠코는 상대방이 원하는 방식에 맞춰 그의 감정을 달래고 자신의 안전을 확보하기 위해 노력한다. 즉, 마츠코에게는 자신을 보호하는 능력이 부족했기 때문에 그저 상대방의 비위를 맞추고 달래고 난 후에야 자신의 안전을 보장받을 수 있었다.

살아남기 위한 마츠코의 생존 전략

다른 사람을 편안하고 행복하게 만드는 것은 마츠코에게 중요한 생존 전략이었다. 비록 상대방의 비위를 맞추고 기분을 달래 주는 것이 그녀에게 희생을 요구하고 결국 상처로 돌아온다고 해도 상대방의 불만스러운 감정을 마주해 극도의 불안을 느끼는 것보다는 나았다. 사실 그녀에게는 선택의 여지가 없었다. 따라서 무의식적으로 순종, 비위 맞추기, 달래기를 선택하게 됐고 급기야 그녀는 자신이 돈을 훔쳤다고 인정하고 만 것이다.

처음으로 이런 큰 압박감에 짓눌린 그녀는 같은 방을 쓰는 선생님의 돈을 훔치고, 학생을 대신해 자신이 돈을 훔쳤다고 인정하는 등 비현실적이고 이해하기 힘든 선택을 하게 된다. 하지만 그녀가 이를 인정한 후에도 상황은 해결되지 않았고, 사람들의 감정도 나아지지 않았다. 오히려 더 많은 문제를 야기했고 그녀를 향한 다른 사람의 시선에도 부정적인 영향을 미쳤다.

문제를 수습할 수 없다는 것을 알게 된 마츠코는 그제야 학생 류 요이치에게 돈을 훔친 것을 인정하라고 했지만 그는 적반하장으로 마츠코가 자신을 협박했다며 반발했다.

이러한 상황 전개는 마츠코의 인생 경험에서 위기 처리 능력을 완전히 초과하는 것이었다. 과거에 마츠코는 다른 사람의 방식과 요구에 맞춰 주고 갈등을 일으키지만 않으면 인생이 안전하고 순탄하다고 생각했었다. 하지만 이번 사건은 그런 방식으로는 도저히 해결할 수 없었다. 그녀가 그토록 많은 시간을 들여 쌓아 온 자신에 대한 관점과 이미지가 단번에 무너진 것이다. 결국 마츠코의 감정과 능력으로 도저히 감당할 수 없는 일이었기에 그녀는 학교와 모든 것을 포기하고 가족과 고향을 떠났다.

마츠코가 인간관계에서 가장 중요하게 생각하는 생존 전략은 '비위 맞추기'였다. '나는 다른 사람을 기쁘게 해야만 살아남을 수 있다'는 것이다. 이 생존 전략은 그녀의 20여 년 전반부 인생에는 도움이 되었지만, 한 번의 위기 상황에서 그녀의 인생을 망치는 원인 중 하나가 되었다. 그렇다면 마츠코는 어쩌다 이런 생존 전략이 형성된 것일까? 이것은 그녀의 어린 시절과 관련이 있을까?

아버지의 사랑과 관심을 갈구하던 마츠코의 어린 시절

마츠코의 아버지는 매우 엄하고 무서운 사람이었다. 그는 그녀에게 늘 무뚝뚝하고 굳은 표정을 지었지만, 병약한 여동생에게는 한없이 다정하고 보기 드문 미소를 지어 보이곤 했다. 마츠코의 기억에 아버지는 항상 여동생을 편애해, 온 정성을 기울였다. 그런 아버지의 사랑과 관심을 얻기 위해 마츠코는 아버지의 기대에 부응하려고 부단히 노력했다. 아버지가 원하는 학교에 진학하고, 아버지가 바라는 교사까지 됐다. 여동생은 아무것도 하지 않아도, 심지어 아파서 계속 누워 있기만 해도 아버지의 사랑과 관심을 쉽게 받았다. 아버지의 관심과 사랑을 얻는 것은 마츠코에게 무척 어렵고 고된 일이었다.

"결국 나를 떠날 거야!"

어릴 때부터 마츠코는 아버지에게 무시당했다. 어머니 역시 집 안에서 존재감이 별로 없었다. 집안의 규칙과 분위기는 모두 아버지가 결정했다.

앞서 언급했듯이 '버림받는 것에 대한 두려움'을 형성하는 데 두 가지 주요 요인이 있다. 하나는 **주변 환경을 통제하기 어렵다고 느끼는 것이고, 다른 하나는 나는 소중하지 않다고 느끼는 것**이다.

마츠코에게 아버지는 만족시키기 어려운 존재였으며, 그녀가 무엇을 하든 아버지는 좀처럼 미소를 보이지 않았다. 이로 인해 그녀의 내면에는 강한 불안이 자리 잡았고, 그녀는 생존을 위해 항상 아버지의 감정을 예의주시하고 기분을 추측하며, 어떻게 해야 아버지를 기쁘게 할 수 있을지 끊임없이 고민해야 했다.

아버지의 감정은 마츠코에게 일종의 두려움을 불러일으켰는데, 그 두려움은 '내가 잘못해서 나를 사랑하지 않는 걸까?', '내가 잘못해서 나에게 화가 난 걸까?'라는 생각으로 이어졌다. 이러한 두려움은 마츠코의 생존 불안을 초래했고, 마츠코는 아버지의 감정적 신호를 더 많이 포착하려고 노력하면서 자신이 의지할 수 있는 생존 방식을 찾고자 했다.

다시 말해서 마츠코는 자신의 노력으로 아버지의 미소를 얻고자 했으며, 이를 통해 자신의 생존 불안을 달래고자 했다. 그러나 '나는 소중하지 않아서 버림받을지도 모른다'는 두려움과 '나는 가치를 인정받지 못한다'는 슬픔을 항상 안고 살아왔기 때문에 아버

지의 인정을 받으려는 노력이 계속될수록 이러한 감정들은 노력의
틈새에 파고들어 마음 깊이 새겨졌다.

'사실 나는 그렇게 중요한 사람이 아니야. 아버지에게는 여동생
하나면 충분한 것 같아.'

이런 '내면의 신념'을 가지고도 마츠코는 아버지의 사랑을 얻으
려고 더 열심히 노력할 수밖에 없었다. 마츠코에게는 버림받는 것
에 대한 두려움이 가장 무서웠다. 그래서 버림받지 않기 위해 애쓰
며 아버지를 기쁘게 해드려야 했다.

순종에 대한 두려움과 비위 맞추기 생존 전략

마츠코는 버림받는 것에 대한 두려움에 사로잡혀 생존 불안이
형성되었고, 이 불안은 **그녀가 버려질 수 있는 신호에 더욱 집중하
게 만들었다.** 특히 아버지의 반응과 감정에 신경 쓰다 보니, 마츠코
는 자신이 아버지의 감정 변화에 크게 영향을 받는다는 것을 깨달
았다. 아버지가 얼굴을 찡그리면 겁이 났고, 자신을 냉대하면서 여
동생에게는 부드럽고 다정한 태도를 보일 때면 가슴이 아팠다. 그
러한 아버지의 감정을 대면할 때마다 느껴지는 내면의 두려움과
절망, 고통은 어린 마츠코가 감당하고 이해하기에는 턱없이 버거
웠다. 이런 경험을 통해 어린 마츠코가 배운 것이 하나 있다. 그것
은 바로 '다른 사람의 부정적인 감정은 나에게 영향을 미칠 수 있고
상처를 줄 수도 있다'는 것이다.

아이러니하게도 어린 마츠코에게 유일하게 행복했던 기억은 아버지와 함께한 순간이었다. 어느 날 그녀는 아버지와 함께 여동생 병문안을 한 후 서커스 공연을 보게 되었다. 그때 마츠코는 광대의 우스꽝스러운 표정으로 많은 사람이 즐거워하는 모습을 보게 되었다. 언제나 차가운 표정의 아버지조차도 광대의 표정을 보고 재미있어했다. 이후 아버지의 사랑을 원하던 그녀는 종종 광대처럼 우스꽝스러운 표정을 지으며 아버지를 즐겁게 해드렸다. 아버지도 그런 그녀에게 미소를 지어 보였다. 이것은 어린 마츠코에게 얼마나 큰 격려였는지 모른다. 그녀는 자신은 여동생처럼 아버지의 사랑을 받을 수 없을 것이라고 생각했지만, 우스꽝스러운 표정 하나로 아버지의 웃는 얼굴을 볼 수 있을 것이라고는 전혀 예상하지 못했다. 마츠코에게 아버지의 웃음은 그녀가 그토록 열망하던 아버지의 관심과 사랑의 표현이었다. 그 웃음은 늘 아버지의 감정에 집중하던 마츠코에게 자유를 가져다주었다. 마츠코의 불안이 아버지의 웃음 하나로 해소된 것이다.

이를 계기로 마츠코는 **'다른 사람을 기쁘고 즐겁게 하면, 나는 안전하다'**는 사실을 깨달았다. 다른 사람의 감정이 나에게 상처를 줄 수 있다는 불안과 두려움을 피하기 위해 순종하고 기분을 맞춰 주는 것이 불안한 감정을 조절하는 감정 조절 전략이자, 이후 관계에서 생존하는 전략으로 자리 잡았다.

"나는 부족해"

버림받는 것에 대한 두려움을 가진 마츠코는 다른 사람의 부정적인 감정이 자신에게 상처를 줄 수 있으므로 다른 사람에게 순종해야 한다는 친밀감의 두려움도 갖게 된다. 이런 두려움 속에서 마츠코는 다른 사람의 감정을 우선시하고 다른 사람을 기쁘게 하며 순종해야 한다는 생존 전략을 세웠지만, 이러한 전략은 내면의 두려움을 더욱 부추겼다. 왜냐하면 아버지뿐만 아니라 **자기 자신조차도 더 이상 자신의 감정을 중요하게 여기지 않았기 때문이다.**

마츠코는 무척 외로웠고 '내가 부족해서 이렇게 사랑받기 어려운 건가?'라는 생각을 멈출 수가 없었다. '나는 부족해'라는 친밀감에 대한 두려움도 그녀의 내면에 조용히 자리 잡았다.

'나는 부족한 사람이라 결코 사랑받지 못할 것'이란 두려움과 신념은 계속해서 마츠코에게 영향을 미쳤다. 또한 모범적인 삶을 추구하는 동력으로 작용해 순종적이고 성실한 선생님이 되기 위해 노력했다.

아버지는 오랜 시간 그녀 인생의 주인이었다. 결국 마츠코는 모든 분노를 여동생에게 돌렸다. 그녀가 평생을 노력해도 얻지 못했던 사랑을 동생은 아무것도 하지 않고 얻었다고 생각하니 갑자기 분노와 억울함, 서러움과 불공평함이 치밀어 올랐다. 결국 마츠코는 절도 사건으로 집을 떠나기 전 여동생의 목까지 조르게 된다. 그것은 그녀 내면의 분노와 불공평한 감정의 폭발이었지만, **진짜 분노의 대상은 사실 그녀의 아버지와 당시 그녀가 순종하고 비위를 맞춰야 했던 사람들이었다.**

2.
마츠코의
사랑 패턴

마츠코는 여러 번의 사랑을 경험했다. 첫 번째 연인은 작가 지망 생 야메카와 데쓰야였다. 그는 종종 각박한 현실과 창작의 고통에 부딪혀 술에 의존해 살았고, 조금만 뜻대로 되지 않으면 마츠코를 폭행했다. 그는 생계를 위해 일할 생각이 없었고, 그래서 마츠코에 게 성 관련 일까지 시켜서 돈을 벌어 오라고 강요했다. 일자리를 구 하지 못한 마츠코는 어쩔 수 없이 남동생에게 연락해 돈을 빌렸다. 남동생은 누나의 구타당한 얼굴을 보고 나쁜 남자를 만났다는 것 을 알게 된다. 하지만 마츠코는 남동생에게도 자신에게도 결코 그 사실을 인정하고 싶지 않았다.

남동생은 마츠코에게 그녀가 떠난 후 아버지가 돌아가셨고, 가 족들이 뿔뿔이 흩어졌다고 털어놓았다. 그러면서 더는 마츠코와 어 떠한 인연도 맺고 싶지 않다고 덧붙였다. 이런 순간에도 마츠코는 여전히 웃고 있었다. 그녀의 내면 깊숙한 곳에서는 여전히 '나는 아버지의 사랑받는 딸이 될 수 있었을까?'라는 갈망이 남아 있었다.

마츠코는 자신에게 냉담했던 아버지의 사랑을 받기를 바랐다. 주먹질하고 발로 차는 남자친구는 때때로 그녀에게 사랑과 따뜻함을 주었다. 이런 애정과 따뜻함은 버림받는 것이 두렵고, 사랑을 갈망하는 마츠코를 계속 견디게 하는 힘이 되어주었다. 버림받는 것에 대한 두려움, 부족한 사람이라는 두려움, 순종해야 한다는 두려움을 가진 마츠코는 자신을 함부로 대하는 그였지만 그를 기쁘게 해 주려고 계속 노력했다. 마츠코는 자신의 노력과 사랑으로 그를 구원하고 변화시킬 수 있기를 바랐다.

마츠코에게는 마치 아버지와의 관계처럼 사랑하는 사람으로부터 받는 냉대와 마음의 상처는 너무나 익숙한 일이었다. 그래서 그녀는 이런 고통에 익숙했고 참을 수 있었다. 그저 온 힘을 다해 남자친구와의 관계를 바꾸려고 노력했다. 그녀는 끝없는 인내와 사랑, 그리고 포용으로 남자친구를 변화시키고 그에게 진정한 사랑을 받고 싶었다.

'나를 사랑하지 않는 사람이 나를 사랑할 수 있도록 노력해야 한다'는 것이 마츠코의 사랑 패턴이었다. 이는 그녀와 아버지 사이에서 완수하지 못한 '미해결 과제'와도 같았다.

이 패턴은 그녀가 항상 이것을 완성할 수 있는 역할을 선택하도록 했다. 그녀가 사랑했던 사람들은 이기적이고 사랑을 줄 줄 모르며, 다른 것을 더 중요하게 여겼다. 더 중요한 것은 일이나 다른 여성, 혹은 자기 자신일 수 있지만 어쨌든 그 누구도 그녀를 가장 소중한 대상으로 여긴 적이 없었다.

그녀보다 자기 일이 더 중요했던 야메카와

야메카와에게 가장 중요한 것은 글쓰기였다. 마츠코의 사랑과 포용 앞에 그는 항상 분노하면서도 한편으로는 구원받는 느낌을 받았다. 성모 마리아처럼 마츠코는 그의 모든 감정적·행동적 상처를 받아들였고, 그의 모든 분노를 아무런 불평 없이 감내했다. 마츠코는 사랑에 의존적이고 자기 멋대로인 그를 어느 정도 충족시켰지만, 더욱 응석받이로 만들어 제대로 성장하지 못하게 했다.

야메카와는 공감하고, 베풀고, 책임질 수 있는 사람이 되어야만 비로소 다른 사람을 제대로 사랑할 수 있으며, 창작의 좌절감에 휩싸였을 때 어떻게든 출구를 찾아 다시 시도할 수 있는 힘과 용기를 키울 수 있을 것이다. 그러나 현재의 그는 버릇없고 제멋대로인 아이처럼 현실에 부딪혀 좌절하며 자존감이 바닥을 칠 때마다 기꺼이 견뎌 줄 주변 사람인 마츠코에게 분노를 쏟아냈다. 그러다 화가 풀리고 나면 그는 소중한 사람에게 상처를 줬다는 좌절감과 자기혐오에 휩싸였고, 자존감도 점점 낮아지면서 깊은 좌절과 창작 불능이라는 악순환에 빠져들었다.

내면의 미성숙과 현실을 견디지 못해 제대로 성장하지 못한 야

내 상처가 사랑을 밀어내지 않게 하려면

메카와는 현실감각도, 한계도 없이 스스로 성모 마리아가 되려는 마츠코를 만나면서 도망칠 곳도, 성장할 능력도, 자기반성의 공간도 없었다. 결국 그는 자살을 선택함으로써 내면의 자기혐오에서 벗어나고, 오히려 자신을 더 초라하게 만들었던 마츠코의 사랑에서 도망친다.

야메카와의 사랑 패턴은 '내가 사랑하는 사람에게 나는 반드시 상처를 준다'였다.

언제나 사랑에 목마른 마츠코

이후 마츠코는 자신을 이용하려고만 했던 한 남자 때문에 살인을 저지르고 자신을 구원해 줄 수 있을 것 같았던 이발사 시마즈 겐지를 만난다. 그렇지만 결국 행복의 정점에 이르렀을 때 경찰에 체포된다. 그녀는 감옥에서 미용사 자격증을 취득하고 사랑하는 시마즈 겐지가 자신을 기다려 주길 고대했지만, 출소 후 그가 이미 다른 사람과 결혼하여 아이가 있는 것을 알게 되자 모든 것이 허사였음을 깨닫는다.

시간이 흘러 그녀는 과거 절도를 저질렀던 제자 류 요이치와 재회하게 된다. 그녀에게 류 요이치는 그녀를 포기하거나 마음을 바꾸지 않고 묵묵히 그녀를 사랑해 준 사람이었다. 이는 마츠코의 깊은 갈망이었던 '내가 가장 중요한 사람이다'라는 욕망을 충분히 충족하고도 남았다. 그러나 류 요이치는 야쿠자 세계에서 별 볼 일 없는 인생을 살고 있었다. 마츠코는 더 이상 집을 도망쳐 나왔을 때처럼 아무것도 모르는 소녀가 아니었기에 이성적이고 직관적인 판단력이 필요했다. 그와 함께한다면 힘들게 이뤄놓은 지금의 안정된 생활이 다시 무너질 수 있다는 것을 알았다. 과거의 경험만으로도 류 요이치를 선택하는 것이 얼마나 위험한 일인지 알 수 있었다. 그의 신분뿐만 아니라 성격과 기질도 문제였다. 류 요이치는 안정감을 주는 시마즈 겐지와는 달랐다. 오히려 그녀가 죽인 남자 오노데라나 야메카와 가까웠다.

아버지에게서 받지 못한 사랑은 마츠코의 내면에 가장 깊은 상처로 남았다. 이러한 내면의 상처와 해결되지 않은 문제는 그녀에게 끝없는 사랑에 대한 갈망을 불러일으켜 결국 안 된다는 것을 알면서도 류 요이치 품으로 뛰어든다.

성모 마리아와 나쁜 남자의 재회

그녀에게는 남다른 포부가 있었다.
'나는 그를 완전히 포용하고 사랑하는 사람이 될 거야. 또 그가 날 완전히 사랑하게 만들 거야.'
그녀는 류 요이치에게 자신을 사랑하는지 계속해서 확인하며, 그의 사랑을 갈망하고 그가 새로운 사람이 되기를 바랐다. 예전 남자와의 관계처럼 '성모 마리아와 나쁜 남자'의 패턴을 다시 재연하

내 상처가 사랑을 밀어내지 않게 하려면

는 것 같았다. 아니나 다를까, 이러한 포용과 사랑의 통제 탓에 류 요이치는 극도로 화를 내며 마츠코를 때리기 시작했다.

"짜증 나게 왜 이래? 왜 나를 못 믿는 거야?", "정말 짜증 나 죽겠 군. 왜 너는 항상 포용력 있는 좋은 사람이고, 나는 항상 너를 망가 뜨리는 나쁜 사람인 거야?"

자존감이 약했던 류 요이치에게 마츠코의 무조건적인 사랑은 아름다웠지만 한편으로는 무겁고 고통스러웠다. 그는 그녀에게 똑 같이 보답할 수 없었기 때문이다. 그리고 자신이 마츠코의 기대에 부응할 수 없고 부족한 사람이라는 사실을 느낄 때마다 그 역시 보 이지 않는 상처를 받았다. 그 상처는 거대한 분노를 일으켜 주변 사 람이나 세상을 향해 분출되었고, 그것도 성에 차지 않으면 자해도 서슴지 않았다. 마츠코와 함께하는 것이 오히려 그가 자기 자신을 더 미워하게 만들었다.

이후 류 요이치가 감옥에 가게 되자 이 사랑에 헌신하기로 결심 한 마츠코는 아무런 기대도 미련도 없이 그를 기다렸다. 어떻게 보 면 마츠코가 기다린 것은 류 요이치가 아니라 자신의 이상적인, 기 꺼이 사랑을 바칠 대상이었다. 그녀는 최선을 다해 사랑하면 상대 방도 변하고 자신이 그토록 꿈꾸던 이상적인 미래를 맞이할 수 있 으리라 믿었다.

그녀가 꿈꾸는 미래는 누군가가 집에 돌아온 그녀를 기다리며 '어서 와'라고 말해 주는 안정된 삶이었다. 아니면 그녀가 누군가를 기다리며 '어서 와'라고 말할 수 있는 그런 미래였다. 마츠코는 열심히 노력하면 그런 날이 오리라 믿었다.

그러나 예상치 못한 일이 일어났다. 수감 중이던 류 요이치는 자기 성찰을 통해 자신이 그녀 곁에 있는 것만으로도 상처를 준다는 사실을 깨달았다. 자신은 마츠코의 사랑을 받을 자격이 없다고 생각해 어떻게든 마츠코에게 상처를 주고 도망칠 방법을 찾았다.

하지만 마츠코는 류 요이치와의 관계를 이상화하고, 내심 '돌아온 탕자'처럼 그가 돌아오기를 기대했다. 류 요이치도 마츠코를 이타적이고 포용력이 강한 여성으로 이상화하며 그녀의 사랑은 이미 신의 경지에 이르렀기 때문에 자신이 그 사랑을 받을 자격이 없다고 생각했다.

실제로 이것은 모두 그들 내면에 있는 '친밀감에 대한 두려움'에서 비롯된 것이다. 그들은 서로를 원하는 역할에 맞춰 놓았을 뿐, 상대방의 진짜 모습을 알지 못했다. 결국 그들은 아무것도 바라지 않고 모든 것을 희생하는 성모 마리아와 사랑하는 사람에게 반드시 상처를 주는 나쁜 남자의 역할 연기에 몰두하느라 서로의 관계에서 각자 자신이 진짜 누구인지 이해하지 못했다.

반복되는 사랑의 패턴에 영향을 미치는 요소

영화 〈혐오스런 마츠코의 일생〉을 통해 우리는 반복되는 사랑의

내 상처가 사랑을 밀어내지 않게 하려면

패턴에 영향을 미치는 두 가지 중요한 요소를 확인할 수 있다.

- **두려움에서 벗어나기**
- **상실감 극복하기**

우리 내면 깊은 곳에 친밀감에 대한 두려움이 존재할 때 내면의 신념이 작동하기 시작하고, 다양한 생존 전략을 사용하여 이러한 내면의 부정적인 감정에서 벗어나기(두려움에서 벗어나기) 위해 최선을 다하고, 과거에 충족되지 않았던 욕구를 충족시키고자(상실감 극복하기) 한다. 그리고 무엇보다 이를 통해 새로운 사랑의 패턴을 형성하려고 애쓴다.

그러나 친밀감에 대한 두려움, 내면의 신념, 익숙한 생존 전략은 항상 우리를 같은 길로 이끈다. 우리는 마치 얻고 싶지만 얻을 수 없는 것들을 열심히 노력해서 얻으려고 하지만, 반복되는 시도 속에서 오히려 그 행복에서 점점 멀어지는 것 같다. 마츠코처럼 말이다.

그녀가 버림받는 것과 사랑받지 못하는 것에 대한 두려움이 다른 사람의 사랑과 관심을 더욱 갈망하게 만들었다는 것을 미처 깨닫지 못했을 때 그녀는 다른 사람들의 사랑과 관심을 더욱 갈망하게 되었다. 오히려 자신이 진정으로 원하는 사랑이 무엇이며, 진정으로 충족시키고자 하는 욕구가 무엇인지에 대해서는 생각할 기회가 없었다.

'그저 누군가가 나를 사랑하기만 하면 되는 것인가, 아니면 내가

원하는, 나를 사랑하는 방식이 따로 있는 것인가?'

이것이 바로 친밀감에 대한 두려움이 미치는 가장 큰 영향이다. 친밀감에 대한 두려움은 우리가 과거 관계에서 경험한 상처와 상실의 집합체로, 과거의 상처에 대한 나름의 해석(자신, 타인, 세상에 대한 해석)을 내리고, 무엇이 나를 가장 쉽게 상처 입히는가를 정의하고 확신하게 한다.

그래서 친밀감에 대한 두려움은 우리가 사랑에서 스스로에게 부여한 '두려운 존재'가 되어 쉽게 무시하거나 뛰어넘을 수 없다. 그것이 서로의 사랑에서 전부가 되었을 때 우리는 현재의 행복을 즐길 수 없고, 고착화된 대처 전략을 붙잡고 놓지 않는다. 따라서 용기를 내어 취약함을 드러내고 서로의 진정한 모습을 이해하는 것이 어려워져 친밀한 관계로 나아가지 못한다.

3장

사랑을 가로막는
여섯 가지 두려움

1.
나는 결코 선택받지 못할 거야:
버림받음에 대한 두려움

'친밀감에 대한 두려움'에는 앞서 이야기했듯이 여섯 가지가 있다. 이를 각각 사례와 함께 살펴보자. 친밀감에 대한 두려움과 관련된 이야기를 통해 미해결 과제와 내면의 신념, 사랑의 부정적 꼬리표가 친밀감에 대한 두려움과 어떻게 상호작용하며 반복되는 사랑의 패턴을 어떻게 형성하는지 더 잘 이해할 수 있을 것이다.

서희는 위로 다섯 언니를 둔 전형적인 대가족의 막내딸이다. 장손인 아버지는 가업을 이어받아 운영하고 있으며, 아들이 태어나 사업을 이어 가기를 진심으로 바랐다. 서희가 아버지의 마지막 희망이었지만 딸인 바람에 아쉽게도 아버지는 실망하고 따로 다른 가정을 꾸려 두 아들을 낳고 다시는 집에 돌아오지 않았다.
어머니는 아버지가 떠난 이유를 모두 어린 서희 탓으로 돌리며 그녀를 원망했다. 서희는 아버지가 그리울 때면 어머니 몰래 아버지를 찾아갔지만 한 번도 만나지 못했다. 아버지는 그저 그녀에게 전화로 가족들을 위해 충분한 돈을 남겨두었으니 그것으로 잘 지내라는 말만 남겼다.

서희는 마음에 커다란 구멍이 뚫린 것 같았다. 몹시 추운 곳에 덩그러니 혼자 있는 듯 온기라고는 전혀 느낄 수 없었다. 나중에 그녀는 집을 떠나 혼자 살게 되었고, 그러면서 몇 명의 남자를 만났다. 그들은 그녀를 따뜻하게 돌봐 주었고, 그녀는 어디서도 받아 본 적 없는 보살핌을 느꼈다.

그녀는 상대방을 기쁘게 해 주기 위해 화장과 성형, 다이어트에 많은 시간과 돈을 들였으며 심지어 시간을 때우기 위한 유희의 대상이 되는 것도 기꺼이 감수했다.

"적어도 나를 찾아와 주니까요. 내가 더 노력하고 잘하면 언젠가 내 곁에 돌아올 거고 나를 버리지 않을 거예요."

하지만 결국 그들은 모두 그녀를 떠났다. 그녀는 사랑받기 위해 더 많이 사랑하고, 더 많이 노력한다고 해도 누구도 붙잡지 못한다는 것을 깨달았다. 마치 그녀의 아버지가 떠난 것처럼 말이다.

그녀는 너무 고통스러워서 견딜 수 없을 때면 몰래 자해하기도 했다. 그렇게 하면 몸의 고통으로 인해 내면의 고통이 줄어드는 것 같았다. 이 고통은 그녀가 사랑을 위해 기꺼이 죽을 수 있다는 증거처럼 보였고, 그녀가 인생에서 추구하는 유일한 목표가 오직 사랑받는 것처럼 느껴졌다. 몸과 마음에 난 상처는 끊임없이 그녀를 괴롭히고

내 상처가 사랑을 밀어내지 않게 하려면

채찍질했다.

관계 패턴이 반복되는 이유

위 사례는 많은 이들의 삶에서 흔히 볼 수 있는 이야기다. 이는 우리 인생에서 가장 흔하고 무거운 친밀감에 대한 두려움, 즉 '버림받음에 대한 두려움'과 관련이 있다. 아버지가 집을 떠난 기억은 서희에게 너무 깊이 새겨져 있었다. 어린 시절의 그녀는 아버지의 부재를 마주해야 했을 뿐 아니라 어머니의 비난도 감당해야 했다.

"네가 아들이었으면 네 아빠가 그렇게 떠나지 않았을 텐데…."

서희에게는 자신이 부족해서 버림받았다는 느낌이 너무도 깊이 박혀 있었다. 특히 이 **'부족한 사람'이라는 인식**은 그녀가 무언가를 잘못해서가 아니었다. 그녀가 바꿀 수 없는 타고난 성별 때문이었다. 그래서 '나는 가치 없기 때문에 사랑받지 못하고, 버려질 것이다'라는 내면의 두려움은 그녀를 더 깊이 사로잡았다. 심지어 아버지가 집을 나가 새로운 가정을 꾸렸을 때 '내가 다른 사람보다 부족해서 아버지를 실망시켰고, 그래서 아버지가 나를 버렸다'는 인식이 더욱 강렬해졌다.

'나는 다른 사람보다 못해.', '존재 가치가 없어.', '내 출생은 환영받지 못했어.'라는 내면의 부정적 꼬리표는 그녀가 다른 사람과 친밀한 관계를 맺을 때 무의식적으로 그녀의 선택과 행동에 영향을 미쳤다.

사랑받은 경험에서 오는 당당함

'나는 무가치해'라는 내면의 부정적 꼬리표는 종종 버림받는 것에 대한 두려움을 깊이 느끼게 한다. 다시 말해 '자기 가치감의 결여'와 '버림받는 것에 대한 두려움'은 깊은 연관성을 가지고 있으며 서로 영향을 주고받는다. 문제는 '자기 가치'라는 것이 비교적 추상적인 개념이라는 점이다. 자신감처럼 능력의 축적과 훈련을 통해 세상과 문제를 직면하면서 스스로 처리하는 능력을 키우는 것과는 다르다. **자기 가치는 어릴 때부터 다른 사람이 자신을 어떻게 보는지를 통해 서서히 형성되어 자신에 대한 관점으로 자리 잡는다.**

이 관점에는 몇 가지 중요한 요소가 있다.

- 나의 출생은 환영받는 것이었는가?
- 나는 소중한 존재로 사랑받고 보호받고 있는가?
- 나의 감정과 필요가 존중받고 이해받고 있는가?

우리가 주 양육자로부터 이러한 대우를 받았다면 상대방의 반응을 통해 '아, 나는 이렇게 사랑받고, 존중받고 있구나!' 하는 느낌을 받는다. 이런 느낌이 우리 마음속에 각인되어 내가 사랑받을 수 있다는 것을 알기에 우리의 존재는 가치 있고 딱히 무언가를 하지 않아도 사랑받을 수 있다는 것을 믿게 된다. 사랑받기 위해 꼭 뭔가를 해야 하는 것이 아니라 뭘 해도 어떻게든 사랑받을 것이라고 믿으면서 자신을 이런 방식으로 대하고 바라보는 법을 배울 수 있다.

내 상처가 사랑을 밀어내지 않게 하려면

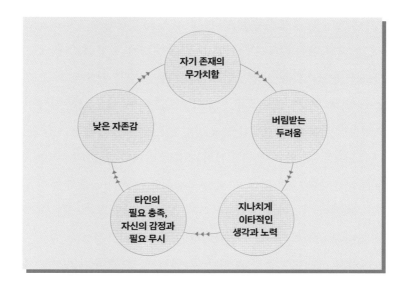

그것은 사랑 안에서 누릴 수 있는 자유이자 사랑받은 경험에서 오는 당당함이다. 그런 '당당함'은 자신을 보호하고 나중에 친밀한 관계에서 '버림받는' 두려움에 빠지지 않게 해 준다. 그래서 자신을 지나치게 희생하거나 그 희생 속에서 더욱 자기 가치를 잃어버리는 무한 반복의 악순환에 빠지지 않게 한다.

버림받지 않기 위한 생존 전략

각자의 삶만 돌아봐도 알 수 있듯이 어떠한 상처도 없이 자란 사람은 찾아보기 힘들다. 그래서인지 상처를 안고 있는 우리는 서희처럼 '버려지는 것에 대한 두려움'을 경험하기 쉽다. 이런 두려움을 가진 사람들은 관계에서 늘 불안해하고 관계가 불안정하다고 느낀다. 한 번 이런 두려움이 생기면 늘 긴장의 끈을 놓지 못한다. 누군가는 서희처럼 다른 사람을 돌보거나 다른 사람을 기쁘게 하고, 가능한 한 상대방의 요구에 맞추기 위해 노력하며, 때론 다른 사람이 요청하지 않은 일이나 정말 하고 싶지 않은 일까지도 하려고 한다.

상상해 보자. 위 사례에서 서희는 상대가 떠나려고 하자 내면의 깊은 좌절감과 자기 의심, 수치심이 뒤섞인 강력한 공포와 두려움으로 자신의 가치가 완전히 파괴되는 느낌을 받았을 것이다. 그래서 떠나지 않도록 뭐라도 해야 한다는 생각에 사로잡혔다. 그것이 그녀가 마지막으로 잡을 수 있는 지푸라기였다. 서희는 자신을 사랑하고 보살펴 주는 느낌을 잃지 않기 위해 필사적으로 그들을 붙잡으려고 했다. 비록 상처를 받더라도 서희에게는 버림받는 것보다 훨씬 나은 선택이었다.*

서희처럼 '경계 설정'에는 두 가지 핵심 사항이 포함된다. 하나는 자기감정을 이해하고 중요하게 생각하는 것이다. 항상 다른 사람의 감정에 초점을 맞추는 대신 오직 자신의 감정을 이해하고 중시해야 비로소 자신의 필요를 표현하고 자기만의 경계를 설정할

---

* 같은 '버려지는 것에 대한 두려움'을 가지고 있어도 사람마다 생존 전략은 다를 수 있다. 때문에 각기 다른 방식으로 대처한다. 그리고 이는 때때로 다른 '친밀감에 대한 두려움'과도 관련이 있다. 이 부분은 후속 이야기에서 자세히 다루겠다.

내 상처가 사랑을 밀어내지 않게 하려면

수 있다.

또 다른 하나는 안정적인 자존감이다. 오직 자신의 가치를 믿고, 사랑받을 만한 가치가 있다고 믿어야만 다른 사람에게 거절당하거나 내가 다른 사람을 거절해도 사랑받지 못할까 봐 전전긍긍하지 않을 수 있다.

실제로 거절 자체를 두려워하는 사람들이 많은데, 그들의 마음속에 상대방을 거절했을 때 미움을 받거나 사랑받지 못해서 상처를 받지 않을까 하는 두려움이 있기 때문이다.

이러한 경험은 대부분 학습된 것이다. 이런 두려움은 우리를 관계에 더 집착하게 만들고 포기하지 못하게 해서 '연애 중독'이나 '상호 의존' 같은 상황으로 몰고 간다. 또한 사랑을 위해 자신의 감정과 욕구, 자신을 보호하는 능력마저 포기하게 만든다.

쉽게 떨어지지 않는 부정적 꼬리표

서희의 이야기를 더 들어 보자.

"한때 제가 왕자라고 생각한 사람이 제 곁에 있어 줬어요. 저는 마치 하녀처럼 그를 위해 할 수 있는 건 다 했어요. 하지만 그는 나를 여자 친구로 생각하지 않았어요. 그에게 저는 그저 말을 잘 듣는 섹스 파트너일 뿐이었고, 저에게 멍청하고 못생겼다며 갖은 말로 모욕했어요. 그땐 정말 비참했어요. 계속 그렇게 지낼 수 없다는 건 알겠는데 떠날 수가 없었어요. 그가 욕하고 무시할 때마다 저는 '내가 좀 더 잘하고 그의 기대에 부응하면 나를 덜 경멸하고 더 사랑해 주지 않을까.'라는 생각도 해 봤어요. 그래서 그가 힘들게 할수록 정말 더 많이 노력했어요. 가끔 그가 나를 안아 주고 함께 잠자리를 가질 때면 그래도 저에 대한 사랑이 아직 남아 있다고 기대했어요. 그동안의 노력이 빛을 발하는 것처럼 잠깐이지만 아주 따스함을 느낄 수 있었죠."

이보다 더 고통스럽고 절망적인 감정이 또 있을까. 분명히 고통받고 있음을 알면서도 자신의 잘못으로 버림받을 거라는 두려움이 항상 경고음처럼 울리고 있기 때문에 내면의 가장 깊은 두려움을 마주하지 않으려고 상대방의 불합리한 대우를 견뎌 낼 수밖에 없었던 것이다.

상대방에게 상처를 받을 때마다 서희는 모든 원인을 자신에게로 돌리며 상대방을 감싸고 돌았다. 그리고 그가 그런 행동이나 표현을 하지 않도록 자신이 더 잘해야 한다고만 생각했다. 그리하여 **악순환되는 사랑의 패턴**이 만들어졌다.

그러나 결국 이 과정에서 자신에 대한 존중과 소중함을 더 많이 잃게 되고, 자신을 보호하는 법을 배우지 못한다. 그래서 상대방이 자신을 대하는 방식에서 오히려 스스로 비천하고 경멸받아 마땅하다고 느끼게 된다.

서희에게 관계에서의 가장 깊은 두려움은 바로 버림받는 것이다. 더 이상 이런 두려움에 빠지지 않도록 자신에게 설명을 해 주면 도움이 된다. 이러한 상황에서 서희가 절대 벗어날 수 없는 생각은 바로 '내가 부족해서 버림받을 거야.'라는 것이다. 이것은 사실 서희의 사랑에 붙어 있는 '내면의 부정적 꼬리표'이다.

이런 꼬리표는 그녀의 어린 시절 경험과 관련이 있다. 버림받아 고통스러운데 주변에서 하나같이 "이게 다 너 때문이야."라고 한다면 어떨까? 마치 서희의 어머니가 그녀에게 "네가 아들로 태어나지 않아서 아버지가 떠난 거야."라고 책망했을 때처럼 말이다.

우리가 사는 세상은 참으로 가혹하고 잔인할 때가 많다. 어린아이에게 말도 안 되는 굴레를 씌우고 책임을 전가하는 것도 모자라 희생양이 되게 하는 것은 너무 가혹한 일이다. 아이는 어떻게든 설명하고 해결하고자 필사적으로 방법을 찾으려고 할 것이다.

문제 해결 과정에서 **'자신의 감정'은 종종 가장 쉽게 희생되는 부분이다.** 왜냐하면 그 감정을 유지하는 것은 너무 아플 뿐만 아니라 고통스럽기 때문이다. 심지어 어린아이가 이것을 감당하기는 매우 어렵다.

그러나 자신에게서 다른 사람에게로 주의를 돌리면 '어쩌면 나에게도 무언가를 할 수 있는 능력이 있을지도 모른다'고 때로는 생각한다. 어려서부터 억압과 고통, 괴로움으로 가득한 적대적인 환경에서 머물며 사랑과 양육, 보호와 이해가 결핍된 상태로 어른의 기대와 욕망을 만족시키고 어른의 책임까지 짊어져야 할 때, 아이의 내면 감정은 가장 쉽게 포기되고 희생된다. 그래서 우리는 자신이 느끼는 감정을 무시해야 관계에서 참고 견딜 수 있고, 그렇게 해야만 사랑받을 수 있다는 사실을 배운다. 참으로 슬픈 일이다.

버림받지 않기 위한 몸부림

서희의 이야기를 통해 다음과 같은 사실을 알 수 있다. 버림받는 것에 대한 두려움이 내면 깊숙이 자리 잡고 있으면 수많은 결정 앞에서 무엇보다 두려움의 욕구를 채우는 것에 신경 쓰고 고민한다는 것이다. 버림받는 것이 두려워서 버림받지 않기 위해 노력한다. 이 욕구를 충족시키기 위해 우리는 가능한 한 다시는 두려운 일이 발생하지 않도록 다양한 기술과 생존 전략을 기를 것이다.

서희처럼 상대방을 기쁘게 해 주면서 버림받지 않는 관계를 유지하려고 모든 것을 희생하는 사람도 있고, 상대방에게 항상 선택받기 위해 쓸모 있고 강인한 사람이 되려고 노력하는 사람도 있다. 또 자발적으로 아무런 쓸모없는 사람이 되거나 **먼저 상대방을 버림으로써 버림받지 않는 안전감을 추구하는 사람도 있을 것이다.**

앞서 언급했듯이 버림받는 것에 대한 두려움은 친밀감에 대한 두려움의 기초가 된다. 이 두려움을 심하게 느낀 사람은 이를 극복하기 위해 다양한 전략을 세운다. 반면에 이 두려움에 크게 압도된 나머지 깊숙한 곳에 묻어 두거나, 자신이 버림받을 수 있는 원인을 해석하기 시작하는 사람들도 있다. 그들은 너무나도 취약한 자신

내 상처가 사랑을 밀어내지 않게 하려면

을 '버림받을 가능성'이 있는 이미지와 거리가 먼 새로운 이미지를 설정하고 자신의 감정을 차단한 채 '더 나은 자신'을 향해 나아가려고 애쓴다. 그래서 무엇인가에 쫓기듯 지나치게 노력하지만, 정작 무엇을 두려워하는지도 모를 때가 다반사다.

버림받는 것에 대한 두려움은 우리를 완전히 반대 방향으로 이끌어 가기도 한다. 버림받는 고통을 걱정하면서 다른 사람을 통제할 수 없다고 느끼기 때문에 최대한 자신에게 집중하고, 최선을 다해 쓸모 있는 사람이 되고자 노력한다. 그러나 이는 **다른 사람과의 친밀한 관계를 구축하지 못하게 가로막으며, 다른 사람의 행동도 기대하지 않게 된다.** 그 이유는 항상 '다른 사람은 반드시 나를 버리고 결국 나 혼자 남게 될 거야.'라고 생각하기 때문이다.

그래서 다른 누구에게도 의지하지 않고 오직 자신에게만 의존하며 매우 쓸모 있고 능력 있어 보이는 모습을 선택하면서 그 결과로 **우리의 '거짓 자아'가 형성된다. 이 '거짓 자아'와 '부족한 나'에 대한 두려움은 우리의 친밀한 관계를 방해한다.**

2.
아무도 진짜 나를 사랑하지 않아: 부족함에 대한 두려움

지훈은 모든 사람과 두루두루 잘 지내며 주변 사람들로부터 무한한 신뢰를 받고 있다. 모두가 '정말 대단한 사람'이라고 치켜세울 정도로 그는 모든 일을 잘 해냈고 사람들도 잘 도와줬다. 그런데 무슨 이유에서인지 그와 깊은 관계를 맺은 사람을 찾아보기 힘들었다.

그는 무엇을 배우든 금방 익혔으며, 자기 자신에 대한 기준도 높은 편이었다. 좋은 조건을 갖춘 그는 몇 번의 연애도 했지만 대부분 흐지부지 끝나곤 했다. 관계를 정리할 때마다 여성들은 하나같이 이렇게 말했다.

"당신은 나를 사랑하지 않거나 나를 소중히 여기지 않는 것 같아요. 당신의 마음에 들어갈 수가 없어요."

그는 그녀들의 말을 전혀 이해하지 못하는 것은 아니지만 이런 상황과 관계에 익숙했다. 그는 실제로 연애가 자신에게 어떤 '도움'을 주는지 잘 몰랐다. 그는 모든 일을 혼자서 할 수 있었기에 연인의 도움이 필요하지 않았다. 그래서 연애를 시작하면 상대방의 기대와 요구로 가끔 곤란한 경우가 있는데 그때마다 어떻게 상대방을 만족시킬지 고민에 빠지곤 했다.

예를 들어 상대방은 서로 자신의 속마음을 이야기하고 감정을 공유하길 원했지만 그의 생각은 달랐다. 그는 굳이 모든 일을 말할 필요가 없었고, 말해도 소용없거나 말하고 싶지 않은 경우도 많았다. 그리고 이러한 것들을 말하지 않아도 충분히 함께 즐거운 시간을 보낼 수 있다고 생각했다. 그럴 때마다 상대방은 "당신이 무슨 생각을 하는지 모르겠어요.", "당신과 함께 있어도 외로워요."라고 서운함을 내비쳤다.

지훈은 자신에게 연애 상대뿐만 아니라 누구와도 자신의 속마음이나 진지한 생각과 감정을 공유하고 싶은 욕구가 없다는 것을 깨달았다. 심지어 어떨 때는 자신의 감정을 공유하고 싶지 않은 것이 아니라 무엇을 공유해야 할지 모를 때도 있었다.

지훈에게는 모든 일을 잘 해내고, 주변 사람들을 잘 돌보고, 다른 사람들이 안심할 수 있도록 하는 것이 매우 익숙했다. 모범생 같은 외모와 흠잡을 데 없는 완벽함을 자랑하는 지훈이지만 친밀한 상호작용이 필요한 순간에는 사람들이 접근하지 못하도록 보호막을 두껍게 쳤다.

부모의 빈자리가 남긴 상처

지훈이 가진 친밀감에 대한 두려움을 이해하기 위해 그의 가족과 성장 배경을 들여다보자.

지훈의 아버지는 회사 일이 바빠 출장이 잦은 편이었고, 어머니는 지훈을 낳은 후 건강이 좋지 않아 늘 누워서 지내는 날이 많았다. 그래서인지 외아들인 그는 어릴 때부터 모든 일을 스스로 하는 데 익숙했다. 그래야 건강이 좋지 않은 어머니나 타지에서 일하는 아버지가 걱정하지 않으리라 생각했다. 다행히 가끔 고모가 집에 들러서 부모님 대신 학부모 회의에 참석하는 등 여러모로 도움을 주었다. 교사였던 고모는 지훈에게 매우 엄격했고 맞으면서 커야 한다는 교육적 신념을 철저히 실행하셨다. 지훈이 울 때마다 "남자가 용감하고 의지가 있어야지. 못한다고 울기만 하면 창피해서 어떡할래!"라며 책망하기 일쑤였다. 게다가 어릴 때부터 지훈에게 공부를 잘해야 아버지가 집에 돌아오고, 어머니의 병도 나을 거라고 했다.

고모의 이런 양육 방식은 그에게 자신의 감정을 드러내는 것은 부끄러운 일이라는 인식을 심어 주었다. 또 한편으론 자기 때문에 아버지가 집에 오지 않고 어머니가 아픈 건지에 대해 의문을 품게 됐다.

이와 같은 여러 경험과 신념, 의문들은 지훈에게 깊은 '자기 의심'으로 자리 잡았고, 그는 '안전을 위해서는 내면의 감정과 생각을 숨기고 최선을 다해서 잘해야 한다'는 결심을 하게 됐다. 특히 **그는 취약한 감정을 숨긴 채 좋은 성과를 내기만 하면 사람들이 그의 결**

핍 많은 가정 환경 대신 성과에만 주목하고 인정해 줄 거라고 생각했다. 그러면 스스로 '나는 타인과 다르다'거나 '진정한 나는 늘 부족하다'는 불편한 감정을 느끼지 않아도 되어 안정감을 느낄 수 있었다. 게다가 편찮은 어머니와 오랜만에 집에 돌아오는 아버지에게 좋은 성적과 능력을 보여 주기만 하면 부모님도 안심했고, 고모도 더는 자신을 비판하지 않으니 걱정이나 고민 없이 순탄하게 살 수 있을 것 같았다.

그는 아픈 어머니가 집에 거의 들어오지 않는 아버지 때문에 몰래 눈물을 훔치는 것을 알았다. 어머니는 그에게 아버지를 많이 닮았다고 말하며, "내가 계속 아프기 때문에 네 아버지가 돌아오지 않는 거야. 다 내 잘못이야."라고 하소연했다. 그때마다 지훈은 너무 고통스러웠다. 그는 어머니의 이런 감정에 어떻게 대처해야 할지 몰랐다. 그저 늘 하던 대로 할 수 있는 최선을 다하면 모든 것이 순조로우리라 생각할 뿐이었다.

지훈이 초등학교에서 중학교로 올라갈 때 어머니가 돌아가셨다. 이제 겨우 열두 살이었던 지훈은 침착하게 고모와 아빠에게 전화를 걸어 어머니의 사망 소식을 알렸고 어머니의 장례까지 잘 치렀다. 이 과정에서 그는 한 번도 눈물을 보이지 않았다. 아버지와 통화를 마치고 난 후 지훈은 머릿속이 텅 빈 것만 같았다. 이제 그는 붙잡을 것이라고는 아무것도 없는, 저 먼 우주에 홀로 내던져진 것 같았다. 이런 감정은 정말 말로 표현하기 어려웠다. 의지할 사람이 아무도 없다고 생각하니 모든 것과 연결이 끊어진 것 같았다. 외롭고 두려웠다. 다시는 이런 감정을 겪고 싶지 않았다.

그때부터 그는 강해지기로 결심했다. 혼자서 지탱할 수 있어야
만 아무도 필요로 하지 않고 다시는 누구에게도 상처받지 않는다
고 확신했다.

결핍 가득한 어린 시절이 만든 생존 전략

지훈은 어린 시절 부모님의 부재로 자신이 다른 사람들과 다르
다는 느낌을 경험했다. 이 경험은 특별하고 좋은 것이라기보다 '다
른 사람에게는 있지만 나에게는 없고, 내게 있어야 하는데 없는 것'
이었다. 특히 부모의 빈자리는 더 크게 느껴졌고 자연스럽게 '결핍'
으로 이어졌다. 그렇다고 해서 부모의 부재가 항상 이런 감정을 불
러일으키는 것은 아니다. 아이가 부모의 부재에서 느끼는 불안과
의문, 실망, 분노 같은 **취약한 감정을 주 양육자가 잘 이해하고 반
응하며 지지하고 받아 준다면, 아이는 외부 요건과 자신을 연관 지
어 해석하기를 멈추고, 모든 상황을 자신의 탓으로 돌리거나 자신의
'원죄'로 생각하지 않는다.**

그러나 부모나 주 양육자가 없는 상황에서 대부분의 아이는 견
디기 힘든 감정과 혼란을 스스로 해결해야 한다. 심지어 지훈처럼
고모의 엄격한 양육을 경험하고 자신의 행동을 부모의 부재와 연
관 짓는 경우 이러한 '결핍'은 아이의 마음에 깊이 뿌리내린다. 이
는 자신의 진정한 모습을 드러내는 것에 '수치심'을 느끼게 할 뿐만

내 상처가 사랑을 밀어내지 않게 하려면

아니라, 삶의 '통제 불능' 상태를 견디기 어렵게 만든다.

그들은 이와 비슷한 무력한 순간을 경험했기 때문에 지훈의 고모나 아버지처럼 다른 사람에게 자신이나 감정을 드러내는 것이 안전하지 않고 용납되지 않을 것이라고 생각한다. 그래서 지훈이 지금 느끼는 소외감과 주변 사람들에 대한 실망감을 '나는 부족해'라는 두려움으로 해석할 수 있다. 그러니 그 이유를 찾는 것이 중요하다. 그래야 두려움을 해결하고 대응할 방법을 찾을 수 있다.

그러므로 아이가 '나는 부족해'라는 생각으로 삶의 어려움을 설명하고, '내가 부족해서 세상이 나를 실망시키고 심지어 통제할 수 없는 상태로 만들 것이다'라는 신념을 갖게 되면 스스로 유능한 사람이 되는 방식으로 자신의 감정을 달래고 통제하며, 위험한 세상에 대응하는 생존 전략으로 사용할 가능성이 크다.

생존 전략: 거짓 자아/감정 단절

스스로 유능한 사람이 되는 방식을 사용하면 사회적 기준과 다른 사람의 요구에 부합하는 '거짓 자아'를 쉽게 만들어 낼 수 있다. 거짓 자아를 만들고 발전시키는 것은 생존 전략일 뿐만 아니라 자신의 감정을 달래는 방법이기도 하다.

앞서 말했듯이, 부모의 심리적 또는 물리적 부재를 경험한 아이들은 누군가에게 자신의 감정을 이해받거나 인정받은 적이 없기 때문에 예상치 못한 좌절이나 갑작스러운 변화를 혼자서 감당해야 한다. 그런데 자신의 감정을 어떻게 이해하고 달래야 하는지 누구에게도 배운 적이 없다. 생활력이 강한 아이들이라면 이런 상황에 놓였을 때 아주 단순하게 '감정은 철저하게 배제하고 문제 해결에 중점을 두는 방식'을 택한다. 감정을 다스리기보다 먼저 해야 할 일을 처리해서 안정적인 궤도에 올려놓으면 감정도 자연스럽게 안정을 찾기 때문이다. 그래서 스스로 유능한 사람이 되기 위한 거짓 자아는 모든 것이 내 통제 아래에 있어 문제를 해결할 수 있다고 자신에게 말하면서 통제 상실감과 무능감을 달래는 역할을 한다.

하지만 감정은 단순히 '문제 해결'로 해결되지 않는다. 문제를 해결하기 위해 많은 감정을 쏟다 보면 오히려 감정에 휩쓸려 긴급한 문제를 처리하지 못한다. 특히 지훈처럼 **'문제를 해결할 사람은 나뿐이고 주변에 의지할 사람이 없다'고 느끼는 사람은 감정에 파묻히지 않기 위해 '감정 단절'이라는 방법을 고안해 낸다.**

"아무도 진정한 나를 사랑하지 않을 거야"

짐작했듯이 지훈은 사람들과 관계를 맺는 데 어려움을 겪었다. 먼저 그는 안정감을 자신에게서만 찾고 모든 감정을 차단하면서 다른 사람과 관계를 맺고 친밀감을 형성하는 것이 어떤 느낌인지, 또 그것이 왜 중요한지 전혀 알지 못했다. 하지만 서서히 자신이 누구와 함께 있든 자신의 속마음과 감정을 제대로 표현할 수 없다는 것을 깨달았다. '아무도 나를 이해하지 못할 거야. 나는 다른 사람들과 달라.'라는 고독한 감정이 항상 그를 따라다녔기 때문이다. 심지어 때로는 그 감정조차 인지하지 못할 때도 있었다.

그는 모든 감정을 차단했을 때 무적처럼 느꼈지만 이내 공허함이 몰려왔다. 고통과 불안의 감정뿐만 아니라 **사랑과 타인에 대해 소중함을 느끼는 감정까지 차단했기 때문이다.**

지훈이 이러한 감정을 느끼는 것은 매우 위험한 일이기도 했다. 그는 과거에 사랑했다가 실망한 경험이 있었다. 그 실망은 '내가 너무 부족해서 아무도 내 곁에 있으려 하지 않는 거야.'라는 자신의 결핍을 떠올리게 했고, 그는 그러한 감정을 두 번 다시 느끼고 싶지 않았다.

여러 번의 연애를 통해 그는 아무리 완벽해 보여도 항상 연인이 실망한 채 떠나간다는 것을 알게 되었고, '역시 나는 연애에 적합한 사람이 아니야.'라는 씁쓸함을 느끼자 바로 '나는 부족해'라는 수치심이 불쑥 솟아 올랐다. 결국 그는 자신을 가두고 마음의 문을 닫아 버렸다.

카를 융Carl Jung은 '고독은 우리 주위에 사람들이 없다고 해서 생기는 것이 아니며, 중요하게 생각하는 것들을 함께 나누지 못하는 데서 비롯된다'고 했다. 이런 고독과 결핍은 마치 세상에 홀로 남겨진 것 같은 느낌을 준다. 우리는 받아들여지기 힘든 나의 진짜 모습을 다른 사람과 자기 자신에게 보여 줄 수 없기 때문에 나를 무장시키기 위해 많은 방법을 사용한다. '부족한 나'는 이 세상에서 받아들여질 수 없다고 믿기 때문이다.

'나는 부족하다'는 두려움의 또 다른 모습

'나는 부족해'라는 내면의 두려움에 직면할 때 회피형 애착 유형의 사람들은 지훈과 같은 생존 전략을 통해 관계를 맺는다. 기대하지 않으면 상처받지 않으므로 최대한 자신의 감정을 배제하고 자신의 감정과 생각을 말하지 않는다. 그리고 자신이 원하지 않더라도 상대방의 요구에 최대한 맞추려고 노력한다. 하지만 불안형 애착 유형은 완전히 다른 방식으로 접근한다. 소정의 경우를 살펴보자.

소정은 언제나 최선을 다하고 성실한 사람처럼 보이려고 애쓰지만, 어쩌다가 상대방이 용기를 내어 그녀에게 생활 방식이나 습관을 조금 고치거나 바꿔 달라고 하면 금방이라도 넋이 나가고 정신을 차리지 못하는 심각한 반응을 보였다.

"당신은 나를 무조건 사랑하고 포용하지 못하는 것 같아. 나를 이해하지도 못하고 용납하지도 않아. 너무 가슴이 아파."

이런 대화는 실제로 상대방에게 불필요한 에너지를 소모하게 만들었다. 상대방이 원했던 건 약속 시간에 늦으면 미리 알려 달라는 등의 아주 사소한 생활 습관을 바꿔 달라는 것뿐인데, 그녀는 이런 요구를 마치 자신의 전부를 부정하는 것처럼 받아들여 하늘이 무너지는 것 같은 기분을 느끼는 것이다.

내 상처가 사랑을 밀어내지 않게 하려면

실제로 소정의 반응은 **내면 깊숙이 자리한 '나는 부족해'라는 두려움의 반증**이라고 할 수 있다. 그녀도 내심 부족한 자기 모습을 걱정하고 있기 때문에 상대방의 특정 말이나 행동으로 자신의 생존 위기와 극도의 두려움 버튼이 눌러지면, 그녀는 생존 전략인 '비난과 공격'적인 성향을 보이는 것이다. **이는 불안형 애착 유형에서 흔히 볼 수 있는 생존 전략으로, 상대방이 자신을 더 포용하고 이해하도록 하기 위함이다. 이것은 진심으로 상대방이 자신을 부족하다고 생각할까 봐 두려워하는 데서 기인하는 반응이다.** 이러한 생존 전략으로 상대방에게 죄책감을 느끼게 하여 자신에 대한 기대를 멈추게 한다.

이렇게 하면 잠시나마 '나는 부족하다'는 생각을 덜 하게 되고, 이제 상대방이 나에게 만족하고 있다고 자위할 수도 있다. 그러나 내면 깊숙한 곳에는 여전히 '나는 부족하다'는 의심이 남아 있다. 이 의심은 상대방이 나를 참아 주고 있다는 생각으로 뻗어나가 상대방의 마음을 끊임없이 확인하려고 든다.

여기서 우리는 모순을 발견할 수 있다. 이들은 상대방이 자기 자신에게 불만을 품는 것을 용인하지 않지만, **사실 자신에게 가장 불만을 품고 있는 사람은 바로 자기 자신이라는 것이다.**

가장 큰 고통과 슬픔을 주는 사람

우리는 그저 상대방의 포용과 무조건적인 사랑을 통해 마치 아기처럼 자신을 위로하고자 한다. '내가 정말 괜찮은 사람이라고 생각하진 않지만, 상대방이 이런 나를 사랑해 준다면 나도 괜찮을 것이다.'라고 말이다.

어린 시절 채워지지 않은 결핍은 친밀한 관계를 원하면서도 일정한 거리를 두게 하고, 상대방과의 기대와 상호작용을 조정하지 못해 소통이 어려워진다. 이는 결국 '나는 부족해'라고 생각하게 하는 주범으로 전락한다. 그러므로 누구도 소정의 기대를 충족시키기 힘들며, 결국 상대방이 견디지 못하고 떠나거나 그녀 스스로 실망한 나머지 관계를 포기해 버릴 수도 있다.

실제로 지훈과 소정 같은 경우 이런 유형은 서로에게 끌리기 쉽다. 두 사람의 내면에 있는 친밀감에 대한 두려움이 서로에게 영향을 미치면서 상대방에 대한 기대와 자신에 대한 실망 속에서 고군분투한다. 하지만 이러한 두려움과 실망이 서로에게 영향을 미치고 상처를 주고받다가 결국 관계는 파국으로 치닫는다. 두 사람은 다음과 같은 생각을 할 수 있다.

'나는 이 세상과 다른 사람들을 신뢰하지 않아. 비록 관계를 필요로 하지만 다른 사람에게 가까이 다가가 마음을 열었다가 상처를 받을까 봐 두려워. 내가 받아들여지지 않을까 두려울 뿐만 아니라, 이 세상도 안전하지 않고 누군가 나에게 상처를 입힐 수도 있어. 또 배신에 대한 두려움이 내 삶을 가두는 족쇄가 되지.'

내 상처가 사랑을 밀어내지 않게 하려면

3.
분명 나를 속이고 있을 거야: 배신과 기만에 대한 두려움

경림은 늘 험난한 연애를 해 왔다. 처음에는 꿈꾸던 상대를 만난 것만 같다. 그녀의 눈에 그는 멋진 백마 탄 왕자로 보였으니까. 연애 초반에만 해도 친구들은 경림의 말만 듣고 그 남자가 세상에 둘도 없는 최고의 상대라고 생각했지만 얼마 되지 않아 하루가 멀다 하고 다툰다는 얘기만 듣게 된다.

처음에는 정말 사소한 일로 시작됐다. 그에게 친하게 지내는 여성 친구의 존재가 불편하다거나, 연락이 잘 안 되거나 그가 친구나 취미를 더 좋아하는 것 때문이었다. 물론 연인이라도 사생활을 존중해야 한다는 것쯤은 경림도 알고 있었다. 그런데 그녀는 연애만 시작하면 남자친구의 모든 걸 알고 싶어 했고 함께하고 싶어 했다. 그러지 못하면 몹시 불안해졌다. 그가 자신이 모르는 일을 하거나 '나만의 공간이 필요하다'고 말하면 머릿속에서 경고음이 울렸고, 점점 의심의 싹이 돋아났다.

'나를 사랑하지 않는 거 아니야? 아니면 나에게 숨길 필요가 없잖아?'

전 남자친구는 과거 연애사를 꼬치꼬치 캐묻는 경림에게 불만을 드러냈다.

"이미 다 지난 얘기고 그 사람과는 끝났잖아. 그런데 왜 자꾸 묻는 거야? 우리가 함께 있는 시간에 자꾸 다른 여자와의 과거 이야기를 하고 싶어? 그런다고 네가 더 행복해질까?"

경림도 전 남자친구의 말이 일리 있다는 것을 안다. 다만 연애 중 무언가 분명하지 않거나 이해할 수 없는 게 있으면 불안과 초조함에 시달렸기에 상대의 명확한 대답만 들으면 불안은 사라질 것이라고 믿었다. 그러나 이런 불안이 점점 커질수록 질문도 점점 많아졌다.

그녀의 전 남자친구 입장에서는 문제 하나를 해결하면 또 다른 문제가 기다리고 있는 격이었다. 당연히 그녀를 향한 불만이 점점 쌓여 갔고, 그녀 역시 이런 상황이 얼마나 짜증 나는지 알고 있었지만 멈출 수가 없었다. 그리고 그 감정은 그녀를 극도로 고통스럽게 만들었다. 그녀의 의심과 불안이 사라지지 않자 주변 사람들은 하나둘씩 그녀를 떠나갔다.

그들은 경림에게 실망하고, 경림도 그들은 물론 자기 자신에게도 실망했다.

'나는 평생 믿고 마음 편하게 사랑받을 수 있는 사람을 만날 수 없는 걸까?'

　　　　　　　　　　内 상처가 사랑을 밀어내지 않게 하려면

'더 이상 내가 필요하지 않은 걸까?'

경림의 설명할 수 없는 두려움을 이해하려면 우선 그녀의 어린 시절을 살펴볼 필요가 있다.

집안의 맏이로 태어난 경림에게는 여동생이 하나 있다. 그녀가 어렸을 때부터 부모님은 자주 싸웠다. 싸움의 이유는 대개 아버지가 집에 잘 들어오지 않거나 다른 여자가 전화로 아버지를 찾는 것 때문이었다. 결국 부모님은 이혼하기로 결정했고, 어머니는 아버지의 외도를 비난하며 경림에게 누구와 살 건지 결정하라고 했다. 그녀는 어머니에 대한 연민 때문에 어머니와 살기로 했고, 여동생은 아버지와 함께 살기로 했다. 하지만 이혼 후 어머니는 일 때문에 3년 동안 경림을 외갓집에 맡겼다. 그 기간 동안 그녀는 어머니를 몇 번밖에 볼 수 없었다. 나중에 어머니의 일이 안정되고 나서야 집으로 돌아올 수 있었다.

늘 어머니를 그리워했던 경림은 마침내 외갓집에서 외사촌들과 함께 살지 않고, 어머니와 단둘이 살게 되어 매우 기뻤다. 그런데 집으로 돌아오자마자 어머니의 남자친구가 거실을 차지하면서 자신은 외부인 같은 처지가 되어 버린 것을 느꼈다.

이후 경림은 어머니와 함께 지내면서 어머니의 여러 남자친구가 드나드는 모습을 지켜봐야 했다. 어머니는 항상 남자는 믿을 만한 존재가 아니므로 결국 믿을 사람은 자기 자신밖에 없다고 말했다. 하지만 어머니는 계속해서 새로운 남자를 만났고, '이 사람은 특별해!'로 시작해서 '결국 남자는 다 똑같아.'로 끝나는 과정을 반복했다. 그리고 그녀는 이 모든 과정을 어머니와 함께했다.

경림은 어머니의 연애사를 목격한 증인이자, 어머니의 가장 친한 친구였다. 어머니가 사랑에 빠질 때 얼마나 행복해하는지, 그러다 얼마 지나지 않아 눈물을 흘리며 얼마나 아파하는지, 남자란 존재가 얼마나 믿을 수 없는지에 대해 자세히 들을 수 있었다. 어머니의 이야기는 사춘기였던 경림에게 꽤 충격으로 다가왔다.

사랑의 달콤함을 느끼면서 어머니가 사랑을 통해 삶의 희망을 다시 얻는 것을 보며 공감했지만, 다른 한편으로는 사랑의 예측 불가능성을 느끼며, 처음에는 달콤한 사랑을 해도 이와 상관없이 쉽게 떠날 수도 있다는 불안도 느꼈다. 게다가 어머니의 최근 연애 상대가 얼마나 좋은 사람인지 들을 때는 혹 딸인 자신은 버림받지 않을까, 자신이 어머니에게 짐이 되는 건 아닌지 걱정스러웠다. 그래서 때로는 어머니의 연애가 실패하기를 몰래 바란 적도 있었다. 그래야 자신이 버림받지 않을 것 같았기 때문이다. 한편으론 이런 생각 때문에 죄책감이 느껴져 더욱 어머니를 위로하고 어머니가 원하는 대로 하려고 애썼다.

'이상화'하거나, 환멸하거나

가끔 경림은 마음이 텅 빈 것처럼 공허함을 느꼈다. 그녀는 사랑에 목말랐지만, 그녀를 진심으로 사랑해 주는 사람은 없었다. 성인이 된 후에도 그녀는 필사적으로 운명의 사랑을 찾아 헤맸다. 만나는 사람마다 운명의 상대라고 확신했지만 어떤 이유에서인지 사귄 지 얼마 지나지 않아 당장 내일이라도 그가 자신을 사랑하지 않고 떠날 것 같은 불안에 휩싸였다. 그래서 그녀는 일상의 많은 신호에 주의를 기울였고, 어떻게 해서든 자신이 가장 두려워하는 상황만은 피하고 싶었다. 그러나 그런 노력에도 불구하고 결국 그들은 모두 그녀를 떠나 버렸다.

경림은 자신의 경험이 어머니가 해 준 이야기와 매우 유사하다는 사실을 깨달았다. 그녀는 자신과 어머니의 사랑이 모두 저주받은 건지, 아니면 어떤 특별한 이유가 있어서 그녀가 어머니의 패턴을 그대로 따라 하는지 궁금해졌다.

연애를 하면서 한 번쯤은 경림이나 그녀의 어머니와 비슷한 경험을 해 봤을 것이다. 처음 만났을 때는 상대방의 모든 것이 좋아 보이고, 자신과 잘 맞는 이상형이라고 생각하지만, 얼마 지나지 않아 상대방의 장점은 단점으로 바뀐다. 서로 관심사가 다양하다 보니 연애에 쏟을 시간이 없고, 일에 치여 함께할 수 있는 시간도 줄어든다. 또 모든 것이 점점 자기 위주로 돌아가다 보니 상대가 진취적이지 않고 주관이 없어 보이기도 한다. 점잖고 차분해 보였던 성격은 어느새 재미없고 따분하게 느껴진다. 어린아이처럼 애교 넘치는 모습은 철이 없어 보인다. 이처럼 처음에는 마음을 사로잡았던 것들이 왜 이렇게 안 좋아 보이는 걸까?

이는 새로운 연애나 우정 등 새로운 관계에서 상대방을 쉽게 '이

상화'하기 때문이다. 예를 들어 새로운 친구를 사귀었는데 마치 오래 알고 지낸 사이처럼 친밀감이 느껴지거나, 새로 만난 연인이 그토록 찾아 헤맸던 소울메이트라고 생각되거나, 잘 돌봐 주는 상사가 지금껏 만난 최고의 상사라고 느끼는 식이다.

이런 이상화는 관계가 시작될 때 우리가 더 쉽게, 더 기꺼이 감정을 쏟게 도와줄 수 있지만, 아이러니하게도 시간이 흐를수록 헤어지게 되는 이유가 될 수 있다. 모든 이상화는 우리가 내면에 갖추고 싶은 특성을 상대방에게 투사하는 것이다(이런 특성을 가진 사람이라면 나에게 안정감을 줄 것 같다).

그렇게 우리는 관계에서 만족감을 느끼고 세상을 아름답게 바라본다. 물론 이러한 과정에서 우리는 기분이 좋아지며 '상대방이 내가 상상한 것만큼 좋다'는 느낌이 '감정적 융합'을 형성하여 상대방과 함께 있다는 느낌을 주고, 함께 완전하다는 기분을 느끼게 한다. 이는 매우 편안한 느낌을 준다.

하지만 모든 사람은 각자의 고유의 모습이 있다. 그들은 자신이 좋아하고 기대하는 특성과 부분적으로 일치할 수는 있지만, 그렇지 않은 부분도 있게 마련이다. 그는 나의 이상에 맞춰 창조된 사람이 아니기 때문이다. 즉, 이러한 '이상화'는 실제로 '이 세상에는 아직 나를 실망시키지 않을 기회가 있다', '아직 나를 실망시키지 않을 사람이 있다'라는 식으로 자신을 위로하는 방식이다. 이를 통해 관계에 대한 신뢰를 갖게 되며, 관계에서 오는 불안과 갈등을 피한다.

상대방이 완전히 자신이 상상한 대로라면 그가 나의 요구를 완

내 상처가 사랑을 밀어내지 않게 하려면

벽하게 이해하고 충족시킨다는 것을 뜻한다. 그럼 굳이 말할 필요도 없고, 상대방이 나를 실망시킬 위험을 무릅쓰고 대화를 시도할 필요도 없다. 그렇게 되면 갈등을 겪지 않게 되고, 요구가 충족되지 않아 불안하거나 실망하는 일도 없다.

그러나 상대의 모습이 내가 상상한 것과 다를 경우 이상적인 관계를 형성하려면 어떻게 해야 할까? 소통을 통해 자신의 욕구와 감정을 보여 주고 이해시켜야 한다. 하지만 상대방이 나의 욕구와 감정을 이해하지 못할 위험과 상실도 감수해야 한다.

어린 시절 상대방이 자신을 이해하지 못해 실망한 경험이 있는 많은 사람은 큰 상처를 받고 고통스러워하거나 때로는 분노를 느끼기도 한다. 그래서 관계에서 오는 불안과 갈등을 피하기 위해 손쉽게 상대를 이상화하여 자신의 마음속 모습 그대로라고 상상하는 경우가 있다. 그러면 관계에서 안정감과 만족감을 느끼고 핑크빛 환상에 빠져든다.

나의 사랑은 늘 상대의 배신으로 끝난다

어느 날 이 핑크빛 환상이 깨지면 (계기는 대개 아주 사소하다) 또 다시 다른 사람들과의 관계에 극도로 실망하게 된다. 그때 이상화로 억눌렀던 내면의 신념과 부정적인 꼬리표, 친밀감에 대한 두려움이 모두 수면 위로 떠오른다.

'거봐, 널 계속 사랑해 줄 사람은 없어.'

'봐, 이 사람들은 항상 널 배신하고 실망시킬 거야.'

이런 내면의 소리가 튀어나오면 우리는 색안경을 쓰고 상대방을 보게 된다. 그를 과거 나에게 상처 준 모든 사람이라고 상상하며 이렇게 생각한다.

'내 인생에서 사랑과 관계는 매번 이런 식이야.'

이렇게 허무하고 어쩔 수 없는 감정은 우리를 매우 고통스럽게한다. 어떤 면에서 사람이나 사물을 **'이상화'하는 것은 일종의 자기보호다.** 배신당하거나 실망스런 관계에서 상처를 입었을 때 '감정단절'이나 '기대하지 않으면 상처받지 않는다'는 생각으로 사람들과 깊은 관계를 맺지 않거나, 상대방에게 기대하지 않는 것은 상처를 피하기 위해 자기를 보호하는 방법이다.

그리고 **'이상화'는 또 다른 자기 보호 방법이다. 사람이나 사물을 '이상화'할 때 우리는 자신의 상상 속 세계를 살아갈 수 있다. 그곳은 자신이 만들고 기대하는 세계로, 잔인한 현실 세계에서 상처받은 마음을 위로받을 수 있다.** 또 '이상화'는 실제로 상처를 입은 후에 세상이나 다른 사람과 연결될 수 있는 용기를 주기도 한다. 상대방이 좋다고 믿을 때 우리는 다시 관계에 기회를 줄 수 있고, 상처받을 위험을 무릅쓰고 다시 노력할 수 있기 때문이다.

문제는 과거의 트라우마가 아직도 존재한다는 것이다. 친밀감에 대한 두려움 중 '배신에 대한 두려움'을 가진 사람은 생존 전략 가운데 '싸움'을 선호하는 편이다. 이들은 **이상화된 관계에서 작은 위**

기만 느껴도 '생존의 불안'이 촉발된다. 그래서 주변에서 발견되는 모든 신호를 찾기 위해 질문과 의심이 많아지면서 실제로 또 다른 내적 갈등과 모순 때문에 괴로워한다.

'나는 너를 믿지 않는 것이 아니라, 의심을 버리기가 힘들어.'

앞서 소개한 사례가 이런 경우다. 경림의 연인에게는 매우 이해하기 어려운 일이다. 대부분의 사람은 상대방이 자신을 대하는 행동을 통해 '그가 나를 어떻게 생각하는지'를 결정하기에 그녀처럼 '배신에 대한 두려움'을 가지고 '싸움' 전략을 사용하는 사람의 연인은 항상 '상대방이 나를 믿지 않는다'고 느낄 것이다.

한편으로 그녀는 좌절하고 낙담하며, 다른 한편으로는 분노와 실망을 느낀다. 특히 아무것도 소용없다는 무력감은 그녀의 연인에게 큰 좌절과 실망을 안겨 관계에서 벗어나고 싶게 한다.

멈출 수 없는 불안

경림은 자신의 복잡한 내면을 설명하는 데 어려움을 느꼈다. 그녀는 여러 신호로 인해 두려움을 느끼고 상대방에게 속을까 봐 겁이 나서 **의심과 감시, 비난과 공격을 멈출 수 없다.** 한편으로는 그녀도 연인이 배신하지 않을 것임을 알았지만 마음처럼 쉽게 의심을 거둘 수 없었다. 과거의 상처 때문에 그녀는 '행복하고 기쁘지 않게 만들' 가능성이 있는 신호들을 놓지 못했다. 엄밀히 말하면 그녀는 신호가 되는 모든 위험 요소를 제거하기만 하면 행복하고 안정적인 관계를 유지할 수 있다고 믿었다.

하지만 이것은 근본적으로 불가능한 일이다. 그녀가 어떻게 해서든 신호를 발견하려는 이유는 두려움 때문이다. 두려움은 불안을 만들고, 불안은 의심을 낳았다. 그 의심은 '이 관계는 안심할 수 없기 때문에 아주 사소한 부분까지도 확인해야 한다'는 생각으로 이어졌다. 이런 멈출 수 없는 불안은 경림을 매우 지치고 피곤하게 했고, 그녀의 연인도 예외가 아니었다.

깊은 관계를 맺지 않으면 상처받을 일도 없다

배신당하는 것이 두려울 때 가장 쉬운 생존 전략은 다름 아닌 '싸우기'다. 반면에 회피하기를 선택하는 사람들은 관계 안에서 다음과 같은 상황에 놓일 수 있다.

아진의 배우자는 아진이 자신에게 굉장히 잘해 주는 것 같지만 실제 그녀의 모습과 괴리감이 있다고 생각했다. 배우자는 아진의 마음속 깊은 곳에 말하고 싶지 않은 감정과 생각이 있다는 것을 눈치챘다. 무심코 아진의 가치관에 대해 물어본 적이 있었는데, 그녀는 근본적으로 사람을 믿지 않으며, 모든 관계를 의심과 회의적인 태도로 바라보며 언제든지 배신당할 준비가 되어 있는 것 같았다. 그러니 아진에게 상처를 최소화하는 방법은 누구와도 깊은 관계를 맺지 않고 다른 사람을 너무 신뢰하지 않는 것이다.

내 상처가 사랑을 밀어내지 않게 하려면

여기까지 읽다 보면 배신당하는 것에 대한 두려움을 가진 아진과 '나는 부족해'라는 두려움을 가진 지훈이 어느 정도 비슷하다는 사실을 눈치챘을 것이다. 하지만 여기에는 근본적인 차이가 있다.

지훈의 두려움은 다른 사람들이 '진정한 자신'을 보게 되면 자신을 싫어하고 사랑하지 않을 것이라는 걱정에서 비롯된 것인 반면, 아진은 언제든지 배신당할 수 있다는, 즉 다른 사람을 신뢰하지 않는 데서 시작한다. 물론 지훈도 속으로는 사람을 신뢰하지 않지만, 그의 불신은 주로 '내 주변 사람들은 나를 받아들일 만큼 관대하지 않으며, 나를 받아들일 의향이 없다'는 생각에서 비롯되었다. 반면 아진의 불신은 주로 '사람은 모두 이기적이고 자기 이익만을 위해 행동하며, 자신의 편의와 이익을 위해 언제든지 나를 희생시키고 버릴 수 있다'는 생각에서 비롯됐다. 따라서 양상은 비슷할지 몰라도 마음속 깊이 느끼는 감정은 상당히 다르다.

상처받을까 봐 두려워할 때 우리는 다른 사람은 '크게' 보고, 자신은 '작게' 본다. 자신이 언젠가 버려질 수 있고 충분하지 않다고 다른 사람들이 생각할 때 우리는 다른 사람의 감정과 평가, 바라보는 시선과 말, 심지어 행동조차도 상처를 줄 수 있다고 생각한다. 이러한 취약함 속에서 우리는 어떻게든 상대의 감정을 진정시키고 나아지게 하려고 최선을 다해야 한다고 느끼며, 이는 우리가 다른 사람의 감정에 직면할 때 선택할 수 있는 한 가지 방법이다.

그것은 바로 '나는 상대방을 기쁘게 하고 그에게 순종해야 한다.

그렇지 않으면 그의 감정이 나를 아프게 하고 압도할 것이다.'라고 생각하는 것이다. 그래서 '다른 사람의 감정이 두려워서 순종해야 한다'는 것이 인간관계 선택에 중요한 요인이 되었다.

4.
상대가 원하는 내가 되어야 해:
순종에 대한 두려움

어린 시절 미정의 기억은 부모님이 싸웠던 사건으로 가득하다. 부모님이 싸울 때마다 미정은 몹시 겁에 질렸다. 미정이 초등학교에 들어갈 무렵 두 분은 이혼했고, 그녀는 아버지를 따라 어머니를 떠나게 되었다. 얼마 지나지 않아 아버지는 재혼했다. 재혼한 지 1년 만에 새어머니는 아들을 낳았다. 당시 초등학생이었던 미정에게는 결코 작지 않은 변화였기에 점점 지내기가 힘들어졌다. 물론 새어머니가 일부러 의도한 것은 아니었지만, 갓 태어난 동생에게 더 많은 보살핌이 필요했기 때문에 미정을 향한 관심과 도움이 줄어드는 것은 당연했다. 그녀는 새어머니를 도와주기 위해 열심히 노력했다. 집안일을 돕고 남동생을 돌보고, 숙제 정도는 혼자 알아서 했다. 어른들이 시키는 일은 반드시 해냈고, 딱히 시키지 않은 일도 눈치껏 도와가며 자신이 할 수 있는 선에서 최선을 다했다.

미정의 아버지는 너무 바빠서 그녀를 돌보는 일은 새어머니 몫이었다. 아버지는 집에 들어올 때마다 미정의 학업 성적을 걱정했다. 열심히 공부해도 아버지의 기준에는 도달하지 못했기에 그녀의 성적이 썩 만족스럽지 않았다. 그러던 어느 날 할머니가 남동생을 보러 집에 오셨다가 미정을 보고는 갑자기 이런 말을 했다.

"미정아, 너 이제 말 잘 들어야 해. 네 아빠는 이제 아들도 있겠다, 너 말 안 들으면 언제 어디로 보낼지 몰라."

사실 미정의 마음속에는 늘 이런 두려움이 있었지만 할머니의 말 때문에 더욱 불안해졌고, 아버지와 새어머니의 기분을 맞추기 위해 뭐든 잘 해내려 노력했다. 새어머니에게 있어서 미정은 자신이 돌봐야 할 딸이라기보다 그저 일 잘하는 도우미였다. 그래서 새어머니와 미정의 관계는 비록 친밀하지는 않았지만, 그래도 나름 괜찮은 편이었다. 일상생활에서 새어머니는 미정을 돌보며 물질적인 지원을 해 주었고, 그녀는 워낙 스스로 알아서 하는 아이였기에 큰 부담이 되지 않았다.

이렇게 어린 시절을 보낸 미정은 아버지가 원하는 학교에 들어갔고, 졸업 후에는 아버지의 회사에 입사했다. 나중에는 아버지가 매우 좋아하는 친구의 아들 성준과 소개팅까지 했다. 성준은 집안은 물론이고 학력과 직업, 뭐 하나 부족함이 없었다. 외모도 출중했다. 미정은 그가 자신이 꿈꾸던 백마 탄 왕자라고 생각하고 연애를 시작했다. 그런데 예의 바르고 점잖아 보이던 성준이 연애를 시작하고 나서 돌변했다. 제멋대로인 데다 독단적으로 바뀌는 것이 아닌가. 그는 모든 일을 자기 마음대로 결정했고, 그렇지 않으면 불같이 화를 냈다. 미정은 점점 불안해졌다. 그래서 그녀는 최대한 그의 말을 따르고 기분을 맞춰 주려고 노력했다. 성준이 화를 낼 때마다 너무 긴장한 나머지 심장이 오그라드는 것 같았기 때문이다. 성준은 미정의 순종에 매우 만족해하면서도 점점 요구를 늘려 갔다. 처음에는 치마를 입었으면 좋겠다고 하더니 나중에는 데이트할 때는 아예 바지를 입지 말라고 강요했다. 또 두 사람의 관계에 더 집중해 달라고 하더니, 나중에는 그녀가 친구들을 만나는 것까지 막았다.

그녀가 무언가 잘못되었음을 직감했을 때는 이미 자신의 옷차림과 외모, 친구, 생활 등 모든 것이 성준의 통제 아래 있었다. 조금이라도 그의 뜻에 따르지 않고, 자신의 생각과 의견을 내면 성준은 즉시 화를 냈고, 그게 너무 두려웠던 미정은 어쩔 수 없이 그의 요구에 따를 수밖에 없었다. 게다가 아버지가 성준을 몹시 마음에 들어해 급기야 두 사람의 결혼을 서둘렀다. 그런데 성준의 어머니가 "우리는 대단한 집안이니, 며느리가 결혼 후에도 밖에서 일하는 것을 바라지 않는다. 이 집에 시집 오면 일을 그만두고, 남편 내조와 아이 양육에 전념했으면 좋겠다."라고 했다. 미정은 예비 시어머니의 제안이 불쾌했다. 심지어 그녀는 자신이 그와의 결혼을 원하는지조차 확신할 수 없었다. 그러나 아버지는 이미 그 제안을 받아들이셨고 결혼하면 미정이 회사를 그만두는 것에도 동의했다.

미정은 '이게 정말 내가 원하는 삶인가?' 하는 고민에 빠져들었다.

나보다 타인의 감정과 욕구가 중요

미정의 이야기에서 우리는 친밀감에 대한 두려움을 가진 사람들은 상대방에게 순종해야 한다는 강박 때문에 다른 사람의 감정과 필요에 매우 민감하게 반응한다는 사실을 알 수 있다. 이 민감함은 타고났을 수도 있고, 후천적으로 길러졌을 수도 있다. 선천적이라는 의미는 어떤 사람들은 태어날 때부터 다른 사람의 감정과 요구, 비언어적 신호에 특히 민감하다는 뜻이다. 그들은 다른 사람의 감정과 기분을 빠르게 이해하고, 자신의 능력 안에서 자발적으로 상대방의 요구를 만족시킨다. 내 친구는 여러 사람이 모였을 때 다른 사람의 필요를 빠르게 파악해서 도움을 주는데, 냅킨을 건네주거나 식기를 가져다주는 일은 그녀에게 아주 쉬운 일이어서 전혀 부담이 되지 않는다.

때때로 이러한 민감함은 후천적으로 길러질 수도 있다. 예를 들어 미정의 어린 시절처럼 생활환경과 주 양육자가 바뀌는 경험을 했다면 불안함과 위기감을 느꼈을 것이다. 그나마 주 양육자도 미정에게 별로 신경 쓰지 않았기 때문에 **그녀는 '말을 잘 듣는' 생존 전략을 필사적으로 익혔을 것이다.**

말을 잘 듣는 것에는 상대방의 비위를 맞춰 주고 순종하는 것도 들어 있다. 이 전략은 두 가지 능력과 관련이 있다. 다른 사람의 감정에 매우 민감할 뿐만 아니라 다른 사람의 요구 사항을 쉽게 파악하고, 다른 사람이 기대하는 요구 사항을 충족시키는 능력이다. 때

내 상처가 사랑을 밀어내지 않게 하려면

로는 자신의 나이를 뛰어넘어 해낼 때도 있다. 미정은 잠깐이나마 안정감을 얻고 생존하기 위해 생존 전략을 개발하여 지금의 나이와 조건을 훨씬 능가하는 일을 해내어 어른들과 주변 사람들의 욕구를 충족시켜 주는 '매우 편리한 사람'이 되었다.

사실 당시 그녀는 선택의 여지가 없었다. 어쩔 수 없이 애늙은이가 되기를 선택할 수밖에 없었고, 이 선택은 그녀에게 어느 정도 이득을 가져다주기도 했지만, 동시에 그에 따른 희생도 감당해야 했다. 그녀는 어린 시절 아이가 누릴 수 있는 시간과 보살핌을 받을 기회를 희생했다. 오히려 어른들의 조력자가 되어 때로는 어른의 역할을 대신하기도 했다. 양육과 보살핌, 이해받는 것은 그녀에게는 먼 나라 이야기였다. 어른들은 미정이 필요로 하지 않을 거라는 생각에 그녀를 위한 시간을 할애하지 않았고, 이 모든 것을 한 번도 받아 본 적이 없었기 때문에 그녀 역시 자신에게 그런 시간은 필요 없다고 생각했다. 미정은 자신의 인생이 모든 사람의 기대를 만족시키는 것이어야 한다고 생각했다. 그리고 과거에 두려움과 위기감을 느꼈기에 그녀는 다른 사람의 필요로 자신의 마음을 채우고, 그것을 만족시키는 데 자신의 능력을 사용했다. 그녀는 **자신에게도 필요한 것이 있고, 충족되어야 한다는 사실을 몰랐다.** 한 번도 가져 본 적이 없는데, 필요하다는 것을 어떻게 알 수 있겠는가. 아마도 이 부분이 관계에서 미정이 느끼는 가장 괴롭고 고통스러운 부분일 것이다.

애늙은이가 되면 희생해야 할 것들이 정말 많다. 그중 가장 큰 희생은 어렸을 때 아이답지 못하고 커서도 어른답지 못한 것이다. 내면의 두려움과 불안으로 인해 우리는 늘 결핍과 불안을 안고 사는 애늙은이로서 주어진 역할만 연기하게 된다. 자신의 욕구를 충족하지 못하고 감정과 필요를 표현하지 못하며, 스스로를 보호하지 못한다. 언제나 다른 사람의 유능한 조력자가 되긴 해도 **절대 자기 삶의 주인공은 되지 못한다.**

이런 경험은 또다시 자기 의심에 빠지게 하고, 자존감을 떨어뜨린다. 내면의 결핍이 채워지지 않아 불안을 홀로 견디고 홀로 상처받는다.

나를 잃어 가는 '비위 맞추기' 전략

어떤 아이들은 어릴 때부터 감정 기복이 심한 가족과 살면서 정신적·육체적 폭력을 당하기도 한다. 이 과정에서 아이들은 각자 상대방의 감정으로부터 자신을 보호하기 위해 자기만의 생존 전략을 형성하는데, 다른 사람에게 순종해야 한다는 두려움이 있는 아이들은 자신을 보호하기 위해 자신에게 상처 주는 사람에게 비위를 맞추고 순종하는 생존 전략을 습득한다.

어렸을 때 우리는 주 양육자에게 의존적일 수밖에 없으며, 상대방이 나를 보호해 주기를 바라는데 그 과정에서 다음과 같은 것을 배워야 한다.

내 상처가 사랑을 밀어내지 않게 하려면

- 나는 소중하고 관심받을 만한 사람이다.
- 나는 경계를 설정하고 자신을 보호할 수 있다.
- 나는 내 감정과 욕구를 중요하게 여기고, 다른 사람에게 '아니요'라고 할 수 있다.

이러한 자기방어 능력을 갖추는 것은 매우 중요하다. 이는 자기 가치감의 토대 중 하나이며, 자기 경계를 세우는 초석이 되기 때문이다. 그리고 부모님이나 주 양육자가 어떻게 대하는지를 보며 스스로 '나에게 이렇게 해도 된다'라는 것을 알게 된다.

그러나 미정과 같은 많은 아이가 어릴 때 어른들에게 보호받을 기회가 없었고, 심지어 어른들의 감정과 행동에 상처받지 않도록 자신의 마음을 보호해야 했기 때문에 자신보다 강력한 권력과 자원을 가진 어른을 마주하면 '비위 맞추기' 전략을 사용하는 것이 최선이었다. 이것은 싸우기 생존 전략과 달리 서로 싸워서 상처받을 일도 없고, 가만히 있거나 회피하는 것과 달리 관계가 단절되거나 자원을 잃을 일도 없다.

앞서 말했듯이 비위 맞추기는 실제로 싸우기의 변형이다. 적극적으로 문제에 대처하며 해결하는 동시에 상대방의 기분을 달래 줄 수도 있다. 이것은 능력과 재능을 갖춘 사람들이 잘못된 관계에 갇혀 있는 이유이기도 하다. 분명히 그들은 좋은 조건과 능력을 갖추고 있지만 그저 순종하고 눈치만 볼 뿐이다.

자신이 가진 능력을 모두 다른 사람을 위해 사용하고 헌신하면 그들의 평가와 감정, 반응에 '통제'받기 때문에 어쩔 수 없다는 생각이 들어 더는 자율과 자유를 느낄 수 없다. 이처럼 또 다른 사람의 필요와 감정에 지나치게 관심을 두고 온갖 노력을 기울이면 아무리 능력이 있어도 자신은 통제받는 느낌에 사로잡혀 스스로 능력 있는 사람이라고 느낄 수 없다. 그 능력은 자신을 위한 것이 아니기 때문에 결코 인식되거나 인정받을 수 없다. 단지 다른 사람의 요구와 기대를 충족시킬 때만 잠깐 한시름 놓으며 **일시적으로 안정감**을 느낄 수 있다.

'순종해야 한다는 두려움'으로 다른 사람을 위해 어떤 일을 할 때, 우리는 자신의 능력을 확신하지 못하고 오히려 불안해하며 그들의 반응을 지켜보고 행동을 조정한다. 상대방의 감정이 안정적이고 표정이 밝아져야 비로소 '통과'했다는 생각에 자신도 안도감을 느낀다. 아무리 열심히 하고 잘해도 그것에 대한 자기만족보다는 일시적인 안도감을 더 기대하게 된다.

이는 마음이 항상 타인에게 치우쳐 있고, 능력도 항상 남을 위해 사용하기 때문에 자신의 능력을 확신할 수 없고 자기 가치도 세우기 힘들다. 그래서 점점 내면의 결핍이나 우울, 자기 의심 때문에 정신적으로 피폐해지는데, 어떻게 보면 당연한 일이다.

어린 시절 내내 편안하고 안정된 삶을 위해 또는 일시적인 안전을 얻기 위해 계속해서 다른 사람에게 순종해야 했다면, 자아를 제대로 확립하지 못하고 심지어 자기 가치를 의심하게 된다. 때로는

내 상처가 사랑을 밀어내지 않게 하려면

자라면서 충분한 관심을 받았음에도 주 양육자의 지나친 관심 때문에 오히려 숨이 막히고 통제받는 기분이 들 수도 있다. "다 너를 위해서 그러는 거야."라고 말하지만 자신은 뭐가 좋은 건지 느끼지 못한다. 이런 느낌은 우리를 억누르고, 친밀한 관계에서 의심과 갈등을 겪게 만든다.

도대체 그와 가까워지는 만큼 통제받아야 할까? 아니면 상처받지 않도록 안전거리를 확보해야 할까? '친밀해지고 싶지만 가까이 가면 나를 삼켜 버릴 것 같은' 마음은 사랑에 대한 복잡한 감정과 모순을 낳는다. 이는 우리가 성인이 되어 친밀한 관계를 맺을 때마다 영향을 미친다.

5.
나는 통제당할 거야:
통제에 대한 두려움

많은 사람이 성혁에 대해 이야기하면 피터팬을 떠올린다. 다재다능한 성혁과 함께 있으면 일상이 모험과 같다. 성혁은 언제든지 재미있는 일을 생각해 내고 친구나 동료들을 모아서 올빼미 여행이나 캠핑을 떠나거나 방 탈출 게임이나 파티를 즐기곤 했다. 또 성혁은 취미와 특기도 다양해서 사람들은 항상 그의 넘치는 에너지에 감탄했고 삶을 다양하게 즐기는 그를 부러워했다.

그는 이성에게도 인기가 많았다. 성혁은 여자친구를 사귀면 처음에는 정말 잘해 준다. 스키나 패러글라이딩, 연극이나 전시회 관람 등 여자친구에게 자신의 관심사를 공유하고 함께 시간을 보냈다. 그뿐만 아니라, 한밤중에 산에 올라가 야경을 보면서 와인을 마시거나 여자친구가 바다가 보고 싶다고 하면 망설임 없이 바로 핸들을 돌렸다. 그와 교제했던 여러 여자친구는 성혁과 함께 지내는 시간을 즐거워했다.

하지만 그런 그에게도 약점이 하나 있었다. 그것은 바로 관계가 오래가지 않는다는 것이다. 연애가 어느 정도 진행되면 두 사람은 자주 다퉜고 그러다 결국 헤어졌다. 성혁이 아직 한 사람에게 정착할 마음이 없었기 때문이다.

그는 매일 신나고 즐겁게 사는 것이 중요하다고 생각한다. 그런데 대부분의 여자친구들은 어느 정도 시간이 지나면 언제나 두 사람의 관계를 명확하게 정립하고 싶어 했고, 더 나아가 결혼이라는 제도 아래 정착하고 싶어 했다. 어떤 여성들은 그의 일정과 행적을 알고 싶어 하거나 함께할 수 있는 시간을 더 많이 확보하고 싶어 했다. 관계가 깊어질수록 미래를 위한 약속이나 함께 보내는 시간, 그의 생각이나 감정을 요구하고 알고 싶어 했는데, 성혁에게는 견디기 힘든 일이었다.

'그냥 매일 재미있게 지내면 안 되나? 왜 이렇게 구속하려는 걸까?'

성혁은 주변 친구들을 관찰해 보니, 연인의 요구를 기꺼이 들어주고 미래를 약속했다. 가끔은 친구들도 연인의 요구가 너무 많다고 불평을 할 때도 있지만, 자신처럼 상대방의 모든 요구를 이토록 싫어하는 사람은 없었다.

"연애하다 보면 서로 맞춰 줘야 할 때가 있어. 너는 너무 이기적이야. 너의 그런 태도를 이해해 줄 여자가 얼마나 있을까?"

친구들은 성혁이가 걱정스러운 나머지 조언을 해 주기도 했지만, 그가 쉽게 바뀌지 않을 거라는 것도 알았다.

그러다 성혁은 소향이라는 한 여성을 만났다. 소향은 그를 진심으로 이해하고 포용해 주었으며, 취미까지 완전히 받아들였다. 그에게 소향은 말 그대로 이상적인 상대였고 큰 안정감을 주었다. 그는 처음으로 결혼이라는 선택지를 고민했다. 그녀와 결혼하면 더 좋은 삶을 살 수 있을 것 같았다. 그리하여 성혁이 그녀에게 먼저 청혼했고, 두 가족은 결혼 준비를 시작했다. 모든 것이 매우 순조로워 보였다. 그런데 결혼식을 2주 앞둔 어느 날, 소향은 그가 신혼집 침실에서 다른 여자와 하룻밤을 보낸 사실을 알게 됐다. 그녀는 그 즉시 돌아서서 떠났고, 다시는 성혁과 연락하지 않았다. 예정된 결혼식은 취소되었다. 그녀는 두 번 다시 그를 만나지 않았다.

성혁은 자신의 행동을 몹시 후회했다. 그는 소향을 얼마나 사랑하는지 깨달았고, 자신이 얼마나 큰 실수를 저질렀는지도 알았다. 하지만 자기 자신조차도 왜 가장 행복한 순간에 그런 선택을 했는지, 왜 자신과 사랑하는 그녀를 스스로 절벽 아래로 내던졌는지 이해할 수 없었다.

성혁은 결혼 준비를 시작한 순간부터 마치 벼랑 끝에 묶인 것 같은 답답함을 느꼈고, 마음이 불안하고 초조했지만 무슨 일이 일어나고 있는지 알 수 없었다.

대체 무엇이 성혁의 친밀감에 대한 두려움을 일으킨 걸까?

통제가 심했던 어머니

성혁은 교장 선생님인 아버지와 초등학교 교사인 어머니 밑에

내 상처가 사랑을 밀어내지 않게 하려면

서 외동아들로 자랐다. 아버지는 근무지가 타지에 있어서 주말에만 집에 오셨기 때문에 아들의 훈육은 주로 어머니 담당이었다. 어머니는 책임감이 강하고 엄격한 사람이었다. 성혁의 생활 습관과 학업에 대한 요구가 매우 높았다. 다양한 경험을 통해 많은 재능을 갖추길 바랐기 때문에 성혁은 거의 매일같이 어머니가 시키는 대로 배우고, 익히면서 어린 시절을 보냈다.

남편 없이 혼자서 자녀를 돌보는 일이 힘들 만도 한데, 어머니는 아들에게 모든 관심을 쏟아부었다. 그러다 보니 성혁은 모든 일을 어머니의 결정에 따라야 했다. 이런 생활이 오래 지속되자 그는 숨이 막힐 것만 같았다. 성혁은 점차 '겉으로는 복종하나 속으로는 따르지 않는' 요령을 터득했다. 겉으로는 어머니가 시키는 일을 열심히 하는 척했지만, 가끔 학원을 빠지고 친구들과 놀러 다니거나 독서실에 간다고 말하곤 친구 집에서 게임을 하기도 했다.

그러던 어느 날, 집에 돌아온 성혁은 항상 강인했던 어머니가 울고 있는 것을 발견했다. 알고 보니 아버지가 어머니의 성격을 더는 참을 수 없다며 이혼을 요구한 것이다. 어머니는 울면서 그에게 말했다.

"나는 지금까지 가족과 널 위해 모든 걸 바쳤어. 그런데 네 아빠는 나랑 이혼하자고 하는구나! 도대체 난 뭘 위해 산 거니?"

당시 중학생이던 그가 감당하기에는 너무나도 어려운 일이었다. 깊은 죄책감과 벗어나고 싶은 압박감에 그는 한동안 말문이 막혔다. 얼마 지나지 않아 그는 도저히 견딜 수 없을 것 같아서 불안한 마음에 울고 있는 어머니를 뒤로한 채, 집을 나와 친구들을 만났다. 그날 밤늦게 귀가한 성혁은 어머니에게 꾸중을 들었다. 어머니는 자신이 얼마나 많은 희생을 했는데 양심도 없다며 꾸짖었고, 아버지를 닮아서 이런 상황에서 위로할 줄도 모르고 무심하고 무정하다며 맹비난을 퍼부었다. 그날 밤, 성혁은 그 자리에 선 채 어머니의 꾸중을 들으면서도 아무 말도 하지 않았다.

그 후 다행히 부모님은 이혼하지 않았지만, 어머니의 통제가 점점 더 심해진 것을 느꼈다. 학교에 데려다주고 데려오는 것은 물론, 교우 관계도 엄격하게 통제했고, 그가 집에 없을 때 그의 방에 들어가 물건을 뒤지며 취미로 오랫동안 모아온 야구 카드와 우표를 모두 버리기도 했다.

"다 널 위해서야. 지금은 공부에 집중해야 하니까. 쓸데없는 데 빠지면 안 돼!"

어머니의 그런 행동에 질릴 대로 질린 그는 기회가 생기면 반드시 집을 떠나야겠다고 생각했다. 그는 어머니가 원하는 대학에 합격하자마자 기숙사로 들어갔고 집에는 거의 가지 않았다.

그는 어머니가 자신을 매우 사랑한다는 것을 알았지만, 그 대상이 '있는 그대로'의 자신인지, 아니면 어머니를 만족시키고 반항하지 않는 자신인지 알 수 없었다. 이런 강압적인 사랑 속에서 그가 느낀 것은 사랑과 친밀감이 아니라 '인내'와 '통제'였다. 그리고 이것이 그가 사랑을 이해하는 방식이 되어 버렸다.

내 상처가 사랑을 밀어내지 않게 하려면

통제 속에서 자라난 분노와 무감정

성혁과 유사한 환경에서 자란 아이들은 대부분 '나는 꼭두각시 인형 같아. 내 감정이나 생각, 필요는 중요하지 않아.'라고 생각한다. 또한 자신의 생각과 감정을 지키려는 의지가 강하기 때문에 부모의 간섭과 영향에 강하게 저항한다.

그래서 '거부'는 성혁과 그의 첫 번째 친밀한 관계인 부모와의 관계에서 중요한 주제가 된다. '강하게 거부해야 해. 안 그러면 그들이 내 감정과 생각, 결정을 부정하고 내 영역에 침범하려 들 거야. 결국 내 의지조차 삼켜 버리겠지.'

자칫하다가 마음이 약해지거나 포기하는 순간, 인생은 완전히 부모의 손에 휘둘리고 완벽한 통제에 들어갈 수도 있기 때문에 성혁은 종종 이렇게 의지를 다지곤 했다. 그러다 보니 그에게는 항상 두 가지 마음이 공존했다.

하나는 자신을 '무감각하게 만드는 것'이다. 무감각해야만 최대한 부모의 요구에 맞출 수 있고, 큰 갈등을 피할 수 있었다. 다른 하나는 '분노'다. 부모의 통제와 요구, 경계 침해 등 이른바 사랑이라는 이름으로 자행되는 행동들에 대해 성혁은 자신의 감정을 무시한 상당히 이기적인 행동으로 보았다. 그렇다고 성혁이 모든 분노를 표출하지는 않았다. 왜냐하면 어머니를 마주할 때마다 죄책감이라는 또 다른 감정이 그를 괴롭혔기 때문이다.

'적어도 어머니는 나를 사랑하잖아. 내가 어머니에게 화를 내면 정말로 아버지처럼 은혜를 모르는 사람이 되는 거야.'

그러나 어머니와 대화할 때마다 그는 '많은 부분에서 내가 아무리 설명해도 소용없어.'라는 생각이 들었다. 그러다 보니 점점 자신을 설명하는 것이 익숙하지 않고, 설명해도 소용없다고 생각하게 되었다. 어차피 상대방이 들으려 하지 않기 때문이다. 어린 시절 부모와의 관계에서 성혁은 다음과 같은 감정을 느꼈다.

- 친밀한 관계는 통제나 다름없다. 상대방이 내 일을 알고 싶어 한다는 것은 나를 통제하고, 조종하기 위한 것이다.
- 상대방이 나를 위해 무언가를 하도록 두지 마라. 나중에 상대방이 나를 원망하고 불평하는 이유가 될 수 있다.
- 쉽게 약속하지 마라. 약속에는 책임이 따르기 마련이며, 어머니와의 관계처럼 사람들을 실망시킬지도 모른다.

이런 이유로 성혁의 생존 전략은 '도망'치거나 '화를 내는 것'이었다. 어머니와의 관계를 통해 상대에게 아무리 설명해도 아무 소용이 없다는 것을 느꼈던 그는 친밀한 관계에 대해 자기만의 정의를 내렸다. 그것은 바로 진정으로 자신을 사랑하고 이해하는 사람이라면 굳이 설명하지 않아도 이해할 것이며, 상대방이 이해하지 못한다면 아무리 설명해도 소용이 없으리라는 것이다.

상대방이 그를 이해하기 위해 가까이 다가가려고 하면 '나는 통제당하고 자신을 잃어버릴 거야.'라는 '친밀감에 대한 두려움'이 발동해서 관계에서 도망치거나, 불안함을 감추기 위해 분노를 표출

내 상처가 사랑을 밀어내지 않게 하려면

하거나, 상대방과 싸우고 차갑게 대한다. 결국 관계는 슬픈 결말로 끝난다.

통제당할까 봐, 혹은 실망시킬까 봐 두렵다

사실 성혁의 생존 전략은 소향을 만났을 때 깨질 가능성이 있었다. 소향은 이전에 만났던 사람들과 달랐고, 성혁은 그녀와 함께 있을 때 통제받는 기분을 느끼지 않았다. 그러나 결혼이라는 단계에 이르자, 성혁은 과거 부모님의 갈등과 어머니의 헌신과 원망, 자신이 어머니를 실망시켰던 감정들을 마주하게 됐고, 복잡한 죄책감과 불안, 자기 의심도 스멀스멀 올라와 다른 사람에 대한 불신에 다시금 불을 지폈다.

'타인은 위험하다. 그들은 나를 이해하려 하지 않는다. 그들은 나를 통제하고 죄책감을 들게 하며, 결국 나는 상대방을 실망시킬 것이다.'

통제받고 다른 사람을 실망시키는 것에 대한 두려움에 사로잡힌 성혁은 결혼식을 2주 남겨두고 무의식적으로 다른 여자와 잠자리를 가졌고, 이 장면을 소향에게 들키고 말았던 것이다. 아마도 성혁은 이런 마음이었을 것이다.

'나는 너를 실망시킬 거야. 언젠가 너도 내게 불만을 느낄 텐데, 그러면 나를 통제하려 할 것이고 나도 너에게 실망할 거야. 그렇다면 차라리 너를 철저히 실망시키는 게 나을지도 모르지.'

결국 성혁은 통제할 수 없는 미래에 대한 불안을 해소하기 위해 의도적으로 그녀를 실망시키기로 선택했다. 그 결과 성혁의 기대대로 소향은 그에게 완전히 실망했고, 성혁은 소중한 사랑을 잃고 말았다.

그는 '나를 사랑한다고 말하는 모든 사람은 나를 이해하지 못하고, 단지 자기만족을 위해 나를 통제하려 한다'와 '나는 항상 상대방을 실망시킬 거야'라는 생각의 굴레 속에서 사랑의 패턴을 반복했다. **친밀해지고 싶지만 통제받는 것이 두려운 마음은 성혁 같은 사람들이 행복을 자기 손으로 끊어내게 만든다.**

성혁과 비슷한 유형의 사람들은 어린 시절 자신의 생각, 감정, 필요가 주목받지 못하는 경험을 자주 했다. 생활의 모든 부분을 어른들이 결정했고, 관계에서도 실망과 상실을 동시에 경험했다. 이런 경험을 하며 성장할 때 우리는 관계에 대해 여러 감정을 품을 수 있다. 만족을 기대하지만, 과거의 경험을 통해 우리가 원하는 사랑을 얻고, 진정으로 이해받고, 존중받는 것이 몹시 어려운 일임을 깨닫는다. 사랑을 해도 결코 만족하지 못하고 늘 불안해하고 부족함을 느낀다. 이것이 마지막으로 논의할 친밀감에 대한 두려움이다.

'나는 내가 원하는 사랑을 결코 할 수 없어.'

6.
내가 원하는 사랑을 받을 수 없어:
사랑받지 못하는 두려움

"사랑을 해도 왜 항상 가득 채워지지 않는 걸까?

금방 폭풍이 몰아치듯 사람의 마음은 바닥없는 구멍일 뿐

입을 맞추고 껴안거나 대화해 봐도 호감이 없으면 아무 소용이 없어.

사람들은 모두 똑같아, 사랑하는 사람의 얼굴만 좋아할 뿐*"

진성은 이 노래가 그의 지난 몇 년간의 연애 생활을 그대로 묘사한
다고 생각했다. 그는 사람들이 부러워할 만한 좋은 조건을 모두 가
졌다. 그는 이미 어린 나이에 상장 회사의 사장 자리에 올랐고, 멋진
외모에 점잖은 말투와 태도까지 그야말로 흠잡을 데가 없었다. 이런
조건 때문에 그의 주변에는 늘 사람이 많았다. 하지만 안정적인 관

• 차이젠야(蔡健雅, Tanya Chua), 〈끝없는 욕심(无底洞)〉, 2003.

계를 맺은 적이 없다.

진성은 다른 사람들이 자신에게 무엇을 줄 수 있는지 잘 모르겠다는 생각을 자주 하곤 했다. 그는 곧잘 외로움을 느꼈지만 외로울 때 좋은 사람을 만나서 연애를 해도 얼마 지나지 않아 실망할 때가 많았다. 그때의 실망감을 뭐라고 표현하기 어렵지만, 대개 상대방이 자신을 이해하지 못하는 것 같거나, 상대방의 노력과 헌신의 온도가 자신과 불균형한 느낌이었다.

"상대방은 종종 저를 이해하지 못하고, 제가 원하는 것을 주지 못해요. 어떤 사람들은 마치 제가 알라딘의 요술램프인 것처럼 그저 요구만 해요."

그는 관계 자체에 실망과 분노를 많이 느끼지만, 결코 그런 감정을 연인에게 드러내지는 않았다. 그는 어느 정도 참았다가 헤어지자고 말한 뒤에는 미련 없이 떠났다. 가끔은 헤어지자는 말도 없이 잠수를 탄 적도 있다.

"상대방이 나를 충분히 사랑한다면 나를 이해해야 하지 않겠어? 그렇게 정확하게 말을 해 줘야 한다면 그건 마치 감정을 구걸하거나 독촉하는 것 같잖아. 나는 그런 것을 좋아하지 않아."

진성과 마찬가지로 아중도 비슷한 감정을 느낀 적이 있다. 이유는 모르겠지만 그녀는 항상 남자친구가 자신이 원하는 것을 할 수 없고, 자신이 꿈꾸던 모습과 같지 않다고 느꼈다. 연애를 처음 시작할 때는 늘 느낌이 괜찮았다. 막상 연애를 시작하면, 아중 역시 상대방

내 상처가 사랑을 밀어내지 않게 하려면

이 자신과 더 많은 시간을 보내고 자신을 더 중시하기를 바라기 때문에 실망과 상실을 경험할 수 있지만, 진성과 달리 그녀는 '희생과 헌신'을 선택했다.

'그 사람이 나에게 해 줬으면 하는 방식대로, 내가 그 사람에게 해 주면 되지 않을까?'

상대방이 그녀에게 차갑게 대하거나 그녀와 같이 있어 줄 시간이 없을 때 아중은 더 큰 포용과 이해를 보여 주거나 더 많이 표현하려고 노력했다. 예를 들어 상대방이 바쁠 때 집을 청소해 주거나, 상대방이 피곤할 때 닭고기 수프를 끓여 주거나, 평소에 처리하지 못한 일이 있으면 대신 처리해 주었다. 그러다가 상대방이 그녀에게 충분한 관심을 기울이지 않는다고 느끼거나, 그녀의 감정을 무시하는 것이 느껴지면 너무 속상하고 고통스러웠다. 메시지를 보낸 지 한참이 지났는데 답장이 오지 않거나 상대방을 위해서 자신이 한 일에 대해 특별히 고마워하지 않거나, 또는 항상 일이나 취미로 바빠서 두 사람의 관계를 신경 쓰지 않을 때는 정말 서운했다.

아중은 연인에게 실망해도 크게 티를 내지는 않았지만, 계속해서 그런 관계가 이어지다 보면 어느 날 갑자기 폭발하고 말 것이다. 그 폭발의 방식은 갑작스러운 냉전일 수도 있고, 시끄러운 싸움일 수도 있고, 상대방의 모든 행동을 비난하며, 상대방을 향한 관심을 거둬서 중요한 사람이 아니라고 생각하게 하는 것일 수도 있다. 그리고 대부분의 관계는 이런 다툼 후에 결국 끝이 나고 만다.

원하는 사랑을 받지 못했던 어린 시절의 상처

어렸을 때 진성은 거의 방치된 채로 자랐다. 그의 부모님은 젊은 나이에 결혼해서 아주 일찍 이혼했다. 어머니는 이혼 후 진성을 두고 유학을 떠났고, 아버지는 회사를 경영하느라 진성을 돌볼 상황이 아니었다. 가정부와 보모, 가정교사가 그를 돌봐 주었다. 그들은 요리나 집안일 등 일상적인 도움과 숙제를 봐주었지만, 그중 누구와도 특별히 친밀한 관계를 맺지는 못했다. 이들은 모두 각자가 맡은 기능적인 역할만 할 뿐, 특별히 마음에 드는 부분은 없었다. 어렸을 때부터 진성은 늘 외로워하며 누군가 곁에 있어 주길 바랐지만, 그 사람들은 자신이 원하는 사람이 아닐 때가 많았다.

진성의 어린 시절을 관통하는 주된 감정은 '결핍'과 '실망'이었다. 중학교에 들어간 후 어머니가 돌아와 그를 돌보기 시작했다. 어머니가 자신에게 관심을 기울이는 것을 느꼈지만, 떨어져 지낸 긴 세월의 거리감은 좀처럼 좁혀지지 않았다. 한편으로 서운했지만 다른 한편으론 어머니도 자신의 인생을 사는 것이 중요하다고 생각했다. 그래서 진성은 자신의 감정을 억누르며 주기적으로 어머니를 만나 식사하며 일상적인 대화를 나눴다.

아중의 부모님 또한 시장에서 장사를 하느라 매우 바빴다. 장녀였던 아중은 자신을 돌볼 뿐만 아니라 동생들도 챙기고 부모님도 도와야 했다. 그녀의 어린 시절은 대부분 부모님을 도운 기억밖에 없었다. 나중에 그녀의 막내 여동생이 태어나고, 부모님은 시장에서 하던 장사를 정리하고 큰 마트를 운영하기 시작했다. 마트를 관리할 직원을 고용하다 보니 여유 시간이 많아졌고 어머니는 막내 여동생과 많은 시간을 보냈다.

아중은 부모님이 어린 여동생과 함께 놀아 주고 세심하게 돌봐 주는 모습을 보면서 혼자 알아서 자란 자신과 비교가 되었다. 정말 공주와 하녀처럼 하늘과 땅 차이였다. 그녀는 부모님이 막내 여동생을 저렇게 돌봐 줄 수 있다면 자신에게도 저 정도는 해 줄 수 있지 않을까, 더 많은 관심을 가져주지 않을까 하는 기대감이 생겼다. 그러나 그녀가 부모님을 돕지 않거나 기대에 부응하지 못했을 때, 부모님은 여전히 자신에게 불평과 비난을 퍼붓고 심지어 냉담하게 대한다는 것을 깨달았다.

성인이 된 후 일을 시작하면서 아중은 이런 느낌을 더욱 강하게 느꼈다. 남동생이 마트를 물려받았지만 경영에는 소질이 없어서 결국 문을 닫게 됐고, 부모님의 수입도 급격히 줄어들었다. 아중은 자신이 용돈을 드릴 때만 부모님의 표정이 밝아질 뿐 다른 때는 집에 돌아와도 거들떠보지도 않고 오로지 남동생과 여동생에게만 관심을 쏟는다는 것을 느꼈다. 심지어 나중에 어머니가 병에 걸렸을 때도 아중은 일을 그만두고 어머니를 보살피는 데 전념했지만 돌아가시는 날까지 그녀를 쳐다보지도 않고, 외국에 있는 여동생만 그리워했다.

'부모님에게 나는 그저 유용하고 편리한 존재일 뿐이야.'

정서적 무관심이 친밀감에 대한 두려움을 키운다

우리는 진성과 아중의 어린 시절을 통해 원하는 사랑을 받지 못한다는 친밀감에 대한 두려움이 대부분 어린 시절의 '정서적 무관심'과 관련이 깊다는 것을 알 수 있다.

진성은 어렸을 때 그를 돌봐 주는 사람이 많았어도 주 양육자의 정서적 관심과 사랑의 결핍을 채우기에는 역부족이었다. 이는 그가 사람들과 친밀감을 형성할 기회를 앗아가 버렸다. 늘 그에게 반응하고 관심을 기울여 주고 한결같이 그 자리에 있어 주는 사람이 없었기 때문이다. 그의 주변 사람들은 저마다 역할이 있어도 누구라도 언제든 대체될 수 있었다. 그 후로 진성은 관계에서 역할과 조건으로 상대방을 선택하고 자신의 생각과 감정, 욕구는 표현하지 않았다. 자신의 감정을 표현했는데 상대방이 응답하지 않으면 오히려 더 깊은 실망감을 느낄까 두려웠고, 그는 그런 상황을 원치 않았다. 결핍과 실망은 진성의 어린 시절을 관통하는 주요 키워드이자 그가 관계에서 가장 깊이 느끼는 상처였다. **이러한 상처를 피하기 위해 상대방을 조건으로 선택하고, 자주 바꾸고 심지어 도망치기도 했다.** 그의 입장에서는 깊은 실망감에 빠지지 않기 위한 최선의 노력이었다.

반면 아중은 자신의 부모처럼 상대방이 자신을 실망시키더라도 상대방을 기쁘고 즐겁게 하고 희생과 헌신을 다해야 이상적인 사랑을 얻을 수 있다고 믿었다. 아이러니하게도 그녀는 부모와 비슷한 유형의 남자를 만났다. 그럼에도 아중은 언젠가 그가 인생 패턴을 바꾸기를 바라며 그를 위해 열심히 희생했다. 언젠가는 사랑하는 사람이 자신의 노력을 알아주고, '나의 소중함을 깨달아 결국 나를 사랑하게 될 것이다'라는 희망사항이었다. 하지만 그녀 주변에는 정서적 결핍을 가진 사람들이 많았기 때문에 그녀가 상대방에게 아무리 많은 것을 주어도, 그 어떤 보답도 받지 못했다.

'내가 사랑하는 사람은 늘 나를 실망시킨다'라는 영원한 결핍과 실망은 진성과 아중의 반복되는 사랑의 패턴이 되었다.

어린 시절 상처로 인해 마음에 새겨진 신념

원하는 사랑을 받지 못한다는 두려움을 가진 사람들은 어린 시절에 주 양육자로부터 다음과 같은 감정을 느낀 적이 있다.

- 나는 중요하지 않다.
- 상대방에게 의지할 수 없다.
- 분명히 나에게 실망할 것이다.

정서적 방치와 상실은 생각보다 큰 고통을 안겨 주고 자신과 세상에 대한 불만을 품게 한다. 이러한 친밀감에 대한 두려움을 가진 사람들은 관계에서 자신이 매우 중요하다고 느끼기를 원하며, 관계에 대한 기준도 상당히 엄격한 편이다. 상대방의 행동이 자신의 기대에 미치지 못하면 곧바로 상대방에게 의지할 수 없다고 결론을 내린다.

이런 유형의 사람들이 가진 또 하나의 관계를 해치는 습관이 있다. 바로 상대방에게 자주 실망하면서 '자신의 감정과 요구를 잘 말하지 않는다는 것'이다. 그러니 상대방은 전혀 알지 못한다. 이들은 어릴 적부터 아무도 자신의 마음을 들어주지 않았기 때문에 감정과 요구를 입 밖으로 내는 데 익숙하지 않다. 또한 실망시킬지도 모른다는 두려움은 진성과 아중처럼 친밀감에 대한 두려움을 가진 사람들이 쉽게 빠질 수 있다. 이렇게 되면 자신의 감정을 표현하기가 더욱 어려워진다.

내 마음속 구멍을 어떻게 메꿔야 할까

사실 원하는 사랑을 얻지 못하는 것은 일종의 방치이자 결핍이다. 그리고 제대로 된 사랑을 한 번도 받아 본 적이 없어서 어떻게 대응해야 할지 모른다. 마음이 텅 빈 것 같은데, 이 공허함이 무엇인지 이해가 되지 않아서 '현재의 관계나 다른 사람들에 대한 불만'이라고 해석할 수도 있다.

그런데 이런 **다른 사람에 대한 불만은 어느새 자신에 대한 불만으로 이어지기 쉽다.** 이 때문에 자신의 능력을 개발하고 무언가를 하기 위해 많은 시간을 할애한다. 예를 들어 진성처럼 세속적인 주류 가치를 추구하거나 아중처럼 다른 사람을 돌보며 다른 사람에게 도움이 되려고 노력한다. 그러다 연애를 시작하면 진성과 아중은 여전히 상대방이 자신이 원하는 감정과 이상적인 관계를 만들어 주기를 바란다.

문제는 내가 원하는 관계를 한 번도 맺어 본 적이 없고, 어릴 때부터 감정과 요구가 무시되는 데 익숙했기 때문에 자신이 원하는 관계와 감정이 무엇인지 도무지 알지 못한다는 것이다.

그래서 마음속에 구멍이 있는데, 무엇으로 채워야 할지 모르겠다는 마음과 함께, 원하는 사랑을 결코 하지 못할 것이라는 두려움에 사로잡힌다.

아무리 노력해도 원하는 관계를 얻을 수 없다는 사실을 깨달을 뿐 아니라 자신이 진정으로 무엇을 원하는지 전혀 모르기 때문이다. 이런 사랑에 대한 목마름과 공허함은 끊임없이 사랑을 추구하게 만들어 지금 하는 사랑에 만족하지 못하고, 불만족스러운 관계에 머물게 한다. 그러나 진정으로 만족스러운 관계가 어떤 모습인지는 여전히 알지 못한다.

사랑할수록
불안해지는 당신에게

때로 우리는 사랑 속에서 발버둥 치며 상대방의 사랑이 항상 모자란 다고 생각합니다. 그러면서 자신을 의심합니다. '내가 충분하지 않아서 이 사랑을 붙잡을 수 없는 것일까, 지금은 괜찮아도 언젠가 나빠지지 않을까' 걱정합니다.

역설적이게도 상대방이 나에게 사랑과 감사를 표현해도 믿지 않습니다. 내면의 비판적인 목소리는 항상 자기 자신을 비난하며, 자신을 상대방의 이상적인 파트너로 만들려고 노력합니다.

그래서 상대를 기쁘게 하거나, 비난하거나 멀리합니다. 상대방의 모든 행동을 주시하며 그가 나를 충분히 좋다고 생각하지 않을까 걱정합니다. 그가 내게 충분한 관심과 주의를 기울이지 않는 것에 화가 납니다.

사실 우리는 중요한 것을 잊었습니다. 나 스스로 충분히 좋은 사람이며, 사랑받을 가치가 있다고 믿지 않는다면, 상대방이 무슨 말을 하든 소용이 없다는 것을 말입니다. 우리는 상대방이 하는 말을 듣지 못하고, 마음속 두려움만을 되새깁니다. 고착된 패턴과 방법으로 불안을 처리하는 데 익숙해집니다. 상대방을 더 기쁘게 하거나 그가 원하는 것을 더 열심히 하거나, 또는 그를 더 통제합니다. 그러나 결국 그런 행동들은 자신의 진짜 모습이 아니며, 오히려 상대를 더 멀어지게 만듭니다.

스스로를 놓아주려고 해 보세요. 자신이 충분히 괜찮다고 믿고, 모든 상황에 과민 반응하지 않아도 된다고 믿으세요. 물론 이는 쉬운 일이 아닐 수 있지만, 믿으려는 의지만 있다면 신뢰의 힘이 내면에 안정과 지지를 가져다줄 것입니다. 그렇게 되면 드디어 새로운 방법으로 내면의 불안한 자신을 달래고, 마음속 어린아이에게 이렇게 말해 줄 수 있습니다.

"두려워할 필요 없어. 정말 잘하고 있어. 나는 너를 사랑해!"

당신 곁에 있는 그 사람의 사랑과 인정이 당신의 삶을 더욱 빛나게 해 줄 것입니다. 더 이상 도움이 필요할 때 사용할 수 없는 무용지물이 아니라, 살아 있는 생명과도 같습니다.
함께 노력해서 자신을 이해하고 부드럽게 스스로를 위로해 보는 것이 어떨까요?

4장

두려움 없이
사랑하기

1.
나의 친밀감에 대한
두려움 이해하기

지금부터는 친밀감에 대한 두려움이 우리에게 어떤 더 깊은 영향을 미치는지 심도 있게 살펴보고, 그에 대한 생존 전략을 어떻게 형성해야 하는지 탐구해 보고자 한다.

우리가 친밀한 관계에 직면할 때 형성되는 세 가지의 감정이 있다.

1. 내가 당신에게 의지할 수 있을까? 당신은 믿을 만한가? 내가 필요할 때 당신이 거기에 있어 줄 것인가, 아니면 나를 버리고 떠나거나 배신할 것인가?
2. 당신은 내 감정과 필요를 기꺼이 돌보고, 이해하고, 받아들일 의향이 있는가? 당신이 나의 필요에 주의를 기울이고 반응할 것인가, 아니면 나만 당신의 필요에 반응하고 돌보기를 바랄 것인가?
3. 나는 당신에게 중요한 사람인가? 나에게 얼마나 집중하고 있는가?

아니면 나를 무시하거나 무관심하게 대하다가 나를 버릴 것인가?

이 세 가지 감정에 대한 답을 통해 우리는 친밀한 관계를 더 깊이 이해할 수 있다. 그렇다면 이제 생각을 조금 더 확장해 보자.

- 이 세 가지 감정이 여러분의 친밀한 관계에 대한 관점에 영향을 미쳤는가?
- 이 세 가지 감정으로 여러분의 친밀한 관계를 생각해 봤을 때, 당신의 대답은 무엇인가?
- 이러한 답변이 어떤 감정과 생각을 불러일으키며, 그로 인해 여러분은 어떤 행동을 선택하게 되었는가?

이 세 가지 감정의 질문의 대한 대답은 감정과 사고, 행동에 대한 초기 단계의 이해를 포함해 친밀한 관계에서 내 상태를 보여 준다. 친밀감에 대한 두려움이 이러한 대답에 어떻게 영향을 미치고, 우리가 친밀한 관계에서 어떤 행동을 하게 만드는지, 즉 어떤 생존 전략을 형성하게 하는지 이해하는 것이 앞으로 이어지는 치유 과정의 핵심이다.

내 상처가 사랑을 밀어내지 않게 하려면

2.
무엇이 감정 재현을
유발하는가

친밀감에 대한 두려움이 미치는 영향을 이해하지만 특정한 상황이나 감정이 올라올 때 비록 그것을 인지하더라도 두려움과 불안감은 여전히 남아있다. 그래서 과거의 생존 전략을 놓지 않고 고수하는 경향이 있다는 것을 알 것이다. 그러므로 무엇이 '감정 재현'을 유발하고 친밀감에 대한 두려움을 심화시켜 반복적인 사랑의 패턴에서 벗어나지 못하게 하는지, 엄격한 생존 전략에 의존하게 하는지 이해하는 것이 다음으로 실천해야 할 방향이다.

'감정 재현'이 일어나는 메커니즘

부모나 중요한 사람으로부터 반복적이고 장기간에 걸친 관계적 트라우마CPTSD를 경험했다면, 비슷한 상황을 마주할 때 과거의 부정적인 감정이 되살아날 수 있다. 이는 마치 당시의 상태로 되돌아간 것처럼 죄책감, 수치심, 고통, 두려움, 무력감 등 수많은 감정에 압도당할 수 있다. 이것을 '감정 재현'이라고 한다.

감정 재현이 발생하면 우리는 불안을 느낀다. 우리 뇌는 이것을 '위기'로 인식하며, 이 위기 상황에서 '불안'이라는 감정이 생겨나면 우리는 안전하고 통제된 상태로 돌아가려고 이에 상응하는 대처 방식을 선택한다. 이것이 바로 우리가 항상 사용해 온 '생존 전략'이다.

하지만 앞서 언급했듯이 때로는 우리가 위기를 과장해서 인식하기 때문에 실제로 큰 자극이 아닌 상황에서도 비슷한 감정을 느낄 수 있다. 이 익숙한 부정적인 감정 덩어리는 우리에게 지금 아주 큰 위기를 마주하고 있다고 착각하게 만든다.

그러면 우리는 '최고 수준'의 생존 전략을 사용하여 이 상황에 대처하고, 이는 유연성이 없고 경직된 반응을 초래하여 오히려 현실에 대한 판단력을 상실해 관계에 부정적인 영향을 끼칠 수 있다. 그것은 마치 손상으로 매우 민감해진 차량 경보기처럼 가벼운 바람에도 울리는 것과 같다. 매번 큰 소리로 울리기 때문에 차주는 심각한 일이 발생한 줄 알지만 알고 보면 아무 일도 없었다는 것을 알게 된다. 그러나 여전히 그것을 무시할 수 없어서 계속해서 바쁘게 움직이다 서서히 지쳐 간다.

과거의 트라우마는 내면의 위기 경보기를 손상시켜 예민하게 반응하게 하고, 그 결과 우리도 어느새 경보를 무시하지 못해서 결

내 상처가 사랑을 밀어내지 않게 하려면

국 지쳐 버린 차주가 되고 만다. 그러므로 경보기가 울리는 원인과 상황을 주의 깊게 살펴볼 필요가 있다. 어떤 상황에서 경보기가 울리기 시작하는지 알아보자.

또한 감정 재현의 상태를 주의 깊게 살펴봤다면 친밀감에 대한 두려움에 직면할 때 대뇌가 '싸우기 또는 회피하기' 상태에 빠지지 않고 현재 상황에 더 도움이 되는 행동을 선택할 수 있도록 도와주는 네 가지 단계를 소개하겠다.

두려움에 빠지지 않는 네 가지 단계

1. 경보기(감정)

당신이 가지고 있는 친밀감에 대한 두려움은 무엇인가? 어떤 상황이 경보기를 울리고 친밀감에 대한 두려움을 다시 불러일으키는가?

이 단계에서는 과거에 처리하지 못한 감정이 우리의 생각과 행동을 가장 쉽게 통제하는 열쇠가 된다. 다음 장의 '감정'에 관한 부분에서 친밀감에 대한 두려움을 강화하는 일반적인 감정이 어떻게 나타나고 존재하며 어떤 영향을 미치는지 설명하겠다.

2. 감정 재현이 일어날 때 어떤 생각과 행동이 나타나는가?

생각: 내면의 비판적인 목소리가 자신에게 어떤 말을 하는가?

행동: 불안을 줄이고 안전감을 높이기 위해 습관적으로 실행하는 생존 전략은 무엇인가?

3. 이것은 어떤 결과를 초래하는가?

어떠한 결과로 인해 우리는 내면의 부정적인 꼬리표를 형성하기 시작한다. 예컨대 '아무도 나를 사랑하지 않고 나는 버림받을 거야.' 같은 관점을 자신에게 적용한다. 그리고 나면 점차 '나는 나를 진정으로 사랑하는 사람을 결코 만날 수 없을 거야.'라는 내적 신념을 형성하게 된다. 결과적으로 우리는 자신을 더 무시하고 상대방에게 더 순종하는 생존 전략을 취하게 되고, 이는 상대방에게 존중받지 못하고 마침내 떠나게 만들어 자신이 버림받을 것이라는 믿음을 더욱 굳히게 된다. 이런 악순환은 반복되는 사랑의 패턴을 형성한다.

4. 내재된 욕구(행동 목적)를 평가하고 현실을 판단한다

현재 상황이 그렇게 심각한가? 나는 진정 무엇을 두려워하는가? 내가 정말 원하는 것은 무엇인가?

'현실을 명확히 하는 것'은 친밀감에 대한 두려움에 빠진 우리에게 가장 익숙하지 않은 일이다. 그러나 현재의 자신을 기반으로 경험하는 사건들을 판단하고, 지금의 현실이 정말로 그렇게 경계하고 두려워할 필요가 있는지를 생각해 봄으로써 우리의 경보 기준을 세울 수 있다. 그러면 매번 지나치게 경계하고 과장된 위험에 빠지지 않을 수 있다.

이 네 가지 단계의 세부적인 내용은 감정, 생각, 행동으로 나누어 이후 자세히 설명하겠다. 여기서는 예시를 통해 네 가지 단계를 어떻게 실전에 적용할 수 있는지 알아보자.

> 승주는 상대방이 메시지나 전화를 받지 않으면 매우 불안해한다. 불안해진 그녀는 '싸움' 생존 전략을 실행한다. 상대방에게 끊임없이 메시지를 보내거나 전화를 걸어 상대방의 불쾌함을 유발하고 관계 내 부족한 신뢰를 꼬집는다. 결국 두 사람은 다투게 되고 둘의 관계가 점점 악화되고 만다.

이때 앞서 제안한 단계를 사용하면 자신의 '감정 재현'을 관찰할 수 있다. 승주가 **천천히 자신에게 집중하고 마음속에서 무슨 일이 일어나고 있는지를 관찰하면** 다음과 같은 사실을 알 수 있다.

1) 승주는 지금 겪는 두려움이 '배신당하는 것에 대한 두려움'이라는 것을 알게 된다. 상대방이 전화를 받지 않거나 메시지에 답하지 않고 아무런 반응이 없으면, 사건이 크든 작든 감정 재현을 유발하여 그녀는 두려움과 걱정, 불안에 시달린다.
2) 이러한 '감정 재현'이 발생했을 때 승주는 내면에서 들려오는 어떤 목소리(생각)를 감지한다. '그가 지금 나를 배신하려는 걸까?', '어떤 나쁜 일이 일어나고 있는 건 아닐까?', '그는 너를 그리 좋아하지 않는 것 같아', '지금 그는 다른 사람과 함께 있을지도 몰라', '너보다 나은 사람은 얼마든지 많아' 등 내면

의 비판적인 목소리가 계속해서 그녀에게 속삭인다. 극도의 불안함과 초조함(감정)을 느낀 승주는 끊임없이 전화를 걸고 메시지를 보낸다(행동). 이는 상대방과 상황을 통제하고 최악의 상황으로 가는 것을 방지하려는 생존 전략이다.

3) 상대방은 신뢰받지 못하고 방해받는 것 같아 불쾌함을 느끼고 두 사람은 다투게 된다. 관계는 악화되고 그녀는 점점 더 불안해진다. 이것은 결코 그녀가 원한 결과가 아니다.

4) 승주는 자신이 진정으로 원하는 것이 감정 재현으로 인한 불안감이라는 것을 깨닫고, 상대방을 통제함으로써 상대방의 반응을 확인하고, 이를 통해 안심과 위로를 얻고자 했다. 또한 이 관계가 안전하다는 것을 확인하고 불안감을 줄이려고 했다. 그러나 실제로 그녀의 행동은 오히려 상대의 짜증을 불러 일으키고 관계를 더 악화시켜서 결과적으로 그녀가 더 불안해지는 결과를 초래했다.

불안이 가라앉은 후, 승주는 상대방이 업무 시간에 전화를 받지 못하는 것이 그다지 심각한 일이 아니며, 상대방의 이유도 충분히 일리가 있으며 언젠가 자신에게도 비슷한 일이 일어날 수 있다는 사실을 깨달았다. 그러나 이런 상황이 발생할 때마다 승주는 유난히 긴장하는 모습을 보였다. 그래서 우리는 먼저 자신을 이해해야 한다.

• **갈등은 친밀한 관계에서 자주 발생한다.**

내 상처가 사랑을 밀어내지 않게 하려면

- 감정 재현으로 인해 어떤 감정, 생각, 행동이 나타나는지 이해한다.
- 이러한 행동이 관계를 어떻게 악화시키는지 관찰한다.

이것이 자신을 이해하는 첫걸음이다. 친밀감에 대한 두려움을 치유하는 단계는 어렵지 않지만, 실제로 네 가지 단계 중 자신의 내면에서 무슨 일이 일어나는지 이해하는 것이 가장 중요하다.

앞으로 우리는 모든 단계의 세부 사항을 차근차근 살펴볼 것이고 우리에게 영향을 미치는 과거의 상처로 인한 감정을 탐구하는 시간을 가질 것이다. 자신의 진정한 욕구를 파악하고 자신을 위로하는 방법을 터득할 수 있도록 몇 가지 팁을 공유한다.

이러한 내공을 이해해야 관계 속에서 자신이 진정으로 필요로 하는 것과 어떻게 행동해야 하는지를 명확하게 알 수 있다. 또한 그렇게 해야만 반복되는 사랑의 패턴에 빠지지 않고, 보다 원활한 소통과 좋은 관계를 유지할 수 있다.

3.
자기 파괴적인 수치심과
습관적인 죄책감 내려놓기

　우리는 성장 과정에서 감정을 무시당하거나 때때로 부정적인 감정과 요구를 표현해서 공격받기도 한다. 예를 들어 울면 부모나 어른들에게 꾸지람을 들었고, 상처받거나 좌절을 맛봐도 위로를 받기는커녕 오히려 "조심해야지!", "너의 스트레스 대처 능력이 너무 낮구나.", "너무 이기적인 거 아니야?" 등 비난을 감수해야 했다.

　이러한 감정적 요구가 생길 때 우리는 타인이 자신을 어떻게 대하는지에 따라 우리의 부정적 감정이나 요구를 이해받고 수용될 수 있는지를 알게 된다. 이를 통해 자존감을 느끼고, 타인과의 연결(친밀감), 안전감, 신뢰감을 경험할 수 있다.

　하지만 우리의 감정과 요구가 거부당하고 나아가 공격을 받으면 감정과 요구가 잘못된 것이며 있어서는 안 된다고 느낀다. 이는 자존감과 연결되어 스스로 존재 가치가 없다고 느낄 뿐만 아니라 소중하지 않은 사람으로 여긴다.

우리는 이러한 공격에서 두려움과 불안을 많이 느낀다. 공격자의 말을 내재화하여 더는 공격당하지 않도록 자기 공격, 자기 규율의 방식으로 변화시킨다.

부정적인 내면의 목소리가 자신을 공격한다

과거에 감정이나 요구를 표현했다가 공격을 받았던 경험은 우리에게 수치심을 심어 준다. 이런 수치심은 이후에 감정이나 요구가 생길 때 내면에 보이지 않는 공격자가 나타나는데, 나는 이것을 '부정적인 내면의 목소리'라고 부른다. '부정적인 내면의 목소리'는 감정이나 요구가 생길 때마다 가차 없이 우리를 공격해 과거에 부모나 어른들에게 공격받았던 것과 같은 수치심을 느끼게 한다. 우리는 감정이나 요구를 갖는 것이 잘못되고 나쁘며 부끄러운 것이라고 여겨 감정과 요구를 통제하고 억누른다.

그러므로 친밀감에 대한 두려움을 가진 많은 이들은 자신의 감정이나 요구를 표현하지 않는 데 익숙하며 감정이 있을 때 큰 수치심을 느낀다. 이러한 수치심은 일련의 감정 재현을 유발하고, 두려움으로 인한 내면의 불안을 조절하기 위해 과거에 익숙했던 생존 전략을 사용하게 만든다. 예를 들어 한 커플이 말다툼을 하다가 여자가 너무 억울한 나머지 울음을 터뜨린다. 여기서 남자가 보일 수 있는 반응은 두 가지다. 하나는 "울어라, 울어! 넌 맨날 울기만 해!

우는 게 뭐 대수라고!" 하며 소리 지르는 것이고, 다른 하나는 여자가 울고 있는데도 입을 꾹 다문 채 냉정한 태도를 보이는 것이다.

친밀한 관계를 두려워하는 세 가지 유형

1. 나는 부족한 사람이다

과거 경험에서 부모의 감정은 자신이 부족하다는 느낌을 주는 일종의 신호였다. 특히 감정을 표현하고 드러냈을 때 부모의 감정에 의해 공격받고 부정당했다. 그래서 다른 사람의 감정은 '나는 부족하다'는 의미로 해석하고, 다른 사람으로 인해 생긴 감정은 나를 더욱 부끄럽게 만들어 수치심을 불러일으킨다. 이는 부정적인 감정은 나쁘다는 생각 때문이다. 이런 경우 '나는 부족해'라는 친밀감에 대한 두려움을 가진 사람들은 냉정함이나 무반응으로 자신의 감정을 차단한다. 그래야 상대방의 감정이 자신의 수치심을 자극하지 않기 때문이다.

2. 나는 통제당할 것이다

이런 사람들은 한편으로는 상대방의 부정적인 감정에 직면했을 때 큰 죄책감을 느낀다. 이는 상대방이 원하는 것을 자신이 들어주지 못했기 때문에 상대방이 부정적 감정을 느꼈다고 생각해서다. 다른 한편으로는 과거 경험상 상대방의 감정이 자신을 통제하고 부정하기 위한 도구로 사용되기 때문에 상대방의 요구에 따라 행

내 상처가 사랑을 밀어내지 않게 하려면

동해야 한다고 믿는다. 그래서 상대방의 부정적인 감정에 직면했을 때 위로를 받을 수도 가까워질 수도 없을 뿐만 아니라 오히려 분노를 느끼고 거리를 둔다.

3. 나는 버림받을 것 같다 or 순종해야 한다

이런 사람들은 타인의 부정적인 감정에 직면하면, 부정적인 감정에 빠진 상대방을 위로하고 순종하려 하면서 자신의 감정과 요구는 무시한다. 이로 인해 둘의 관계가 매우 불균형한 상태가 된다.

어린 시절에 감정이 무시되거나 부정당하는 경험이 계속됐다면, 우리는 자신의 감정을 받아들이기 어려워지고, 자신의 감정을 대할 때 쉽게 비판하게 된다. 기분이 좋으면 '기쁨 끝에는 반드시 슬픔이 따라오게 되어 있으니, 너무 기뻐하지 마라'며 자신을 자중시키고, 분노나 좌절, 아픔 등 부정적인 감정으로 기분이 좋지 않으면 '이런 감정을 느끼면 안 돼. 스트레스 관리 능력이 떨어지다니, 기분이 좋지 않은 건 비합리적이고 너무 감정적이야.'라고 자신을 통제한다.

이는 결국 다양한 방어기제로 자신을 가두어 갈수록 자신의 진정한 감정과 요구를 이해하지 못하게 되고, 자신에게 감정과 요구가 있다는 사실조차 부정하는 지경에 이른다. 그래서 **다른 사람의 감정과 요구에 직면하면 그들을 이해하기는커녕 불안과 짜증, 부정, 분노 또는 가식적인 위로와 순종으로 반응한다.**

이러한 생존 전략은 우리가 친밀한 관계에 갇혀서 상대방과 자신을 더 이해하지 못하게 하고, 친밀한 관계로 발전하는 것을 방해한다.

수치심이 우리에게 미치는 영향

수치심에서 벗어나기 위해 우리는 많은 방어기제와 훌륭한 성과를 통해 '아주 멋진 자아'를 만들어 내려고 한다. 이를 통해 부족하고 부끄러운 자신을 피하려고 한다. 그래서 다른 사람의 칭찬을 갈구하고 과도하게 노력하거나, 완벽주의를 지향하고 자아도취에 빠지거나, 자신이나 상대방을 이상화하고 자신의 연약한 감정이나 결점을 보지 않거나 받아들이지 않으려 한다. 그뿐만 아니라 지나치게 까다롭게 굴고 자신을 비난하거나 자신을 확대해석하고 과대평가한다.

이 상반된 두 가지 표현 모두 실은 우리 안의 수치심을 벗어나기 위한 것일 때가 많다. '나는 나쁘다'는 느낌은 구체적으로 인식되지 않지만, 끝까지 우리를 따라다니면서 모든 행동에 영향을 미친다. 하지만 결국 우리의 모든 노력은 이 수치심과 '나는 나쁘다'는 고통에서 벗어나기 위한 것일 뿐이다.

습관적인 죄책감은 우리가 길들여진 결과다

　습관적인 죄책감이 우리에게 미치는 영향은 크다. 특히 타인에 대한 경계가 필요하거나 자신의 필요와 심지어 분노를 표현하려고 할 때 습관적인 죄책감이 올라와 자신을 보호하는 표현을 하지 못하게 한다.

- '내 감정이 다른 사람을 곤란하게 할까?'
- '내 요구가 너무 이기적인가?'
- '내 분노가 사람들에게 미움을 사지 않을까?'

　습관적인 죄책감은 내면의 감정을 억제하는 역할을 하며, 감정을 포장하고 억압하며 왜곡한다. 이로 인해 우리는 진정한 감정과 욕구를 인식하지 못하고, 다른 사람의 욕구와 감정만을 신경 쓰게 된다. 그래서 주변 사람들이 받아들일 수 있는 방식으로만 감정을 표현하려고 한다. 그 결과 우리는 상대방이 원하는 대로만 하게 된다.

　습관적인 죄책감은 훈련된 감정으로, 해야 할 일을 하지 않았다고 느끼게 만들어 계속해서 생존 전략을 사용하고, 자신의 감정과 필요를 무시하고 타인과의 경계를 설정하기 어렵게 만든다.

　또한 습관적인 죄책감은 단순히 우리의 행동을 길들여 이타적이 되도록 하는 것을 넘어서 실제로 중요한 기능을 한다. 그래서 우리는 이러한 감정을 마음속에 두고 그것이 우리의 진정한 감정과 요구를 관리(억압)하도록 하는 것이다.

그 기능은 **어린 시절 우리가 분노하지 않도록 공격성을 줄이고, 불공평하다고 느끼지 않도록 자신의 필요를 무시하게 했다.** 그러면 우리는 자신의 이익을 위해 다른 사람과 갈등을 일으키지 않을 것이고, 부모나 어른들에게 분노하지 않고 공격하지 않을 것이다. 어린 시절 우리가 그들을 공격한다면 오히려 다칠 수도 있고, 사랑받지 못하거나 어른의 감정을 더 많이 떠안게 될 수 있으며, 갈등 후의 결과를 감당해야 할 수도 있기 때문이다.

그러므로 습관적인 죄책감은 우리가 자신의 필요와 감정에 초점을 두지 않고, 다른 사람의 필요와 감정을 우선시하는 데 길들여진 결과라고 할 수 있다. 하지만 동시에 자기 보호로 활용되는데, 자신의 감정과 욕구를 표현하고 경계를 설정하여 자신을 보호할 수 없을 때, 다소 왜곡되고 우회적인 방식으로 자신을 방어하는 데 쓰인다.

부모가 나의 감정을 무시하거나 경계를 침범하고 나를 통제하는 등의 이유로 그들에게 화가 났을 때 습관적인 죄책감이 느껴져서 다음과 같은 생각이 들 수 있다.

- '내가 어떻게 이런 생각을 할 수 있지? 부모님은 다 나를 위해서 그러는 건데.'
- '어머니가 이렇게 고생하시는데, 내가 어떻게 이해하지 못할 수 있겠어!'

예를 들어 앞서 언급한 '자기 상실의 두려움'을 가진 성혁은 어머니가 자신의 욕구와 경계를 존중하지 않고 끊임없는 통제를 가

내 상처가 사랑을 밀어내지 않게 하려면

하자 화를 참지 못했다. 만약 그가 실제로 분노를 느껴 어머니와 갈등을 일으켰다면 그는 불효자나 어머니의 수고를 모르는 사람 등 외적인 부정적인 꼬리표를 달고 이미 아버지를 잃은 상태에서 어머니마저 잃을 위험을 감수해야 했을 것이다.

그래서 표현하지 못한 분노는 습관적인 죄책감으로 변했고, 성혁에게 '어머니도 얼마나 힘드시겠어.', '내가 어머니를 이해하지 않으면 누가 하겠어.'라는 마음이 들게 한다. 성혁은 어머니에 대한 분노를 삼키고 어느 정도 순종하고 협조하며 어머니와의 갈등으로 너무 많은 에너지 소모를 감당하지 않아도 되게 한다.

하지만 **삼켜진 분노는 사라지지 않고 남아 있다.** 나중에 성혁이 연인과 관계를 형성해 갈 때 비슷한 상황과 감정을 맞닥뜨리면 분노는 다시 소환된다. 어머니는 바꿀 수 없지만 연인은 바꿀 수 있기 때문에 그는 관계를 끝내는 방식으로 상대방에게 분노를 표출한다.

습관적인 죄책감 뒤에 감춰진 분노

성혁은 어머니에 대한 분노를 짜증과 무관심, 회피 등의 방식으로 표현했는데, 이렇게 하면 어머니를 직접 공격하지 않고도 자신의 분노를 해소할 수 있었다. 모든 분노에는 출구가 필요하기 때문에 성혁은 직접적인 표현 방식 대신 우회하는 방식을 택했다. 따라서 우리에게 습관적인 죄책감이 있다는 것을 알았을 때 그 이면에 숨겨진 '분노'가 있을 수 있다는 가능성을 살펴봐야 한다.

분노는 상대방을 비난하는 것이 아니라 자신이 부당한 대우를 받았음을 인식하고, 자신의 감정과 필요 및 경계를 이해하고 되찾는 과정이다. 분노는 우리가 스스로를 보호할 수 있도록 돕고 자신의 욕구를 표현하는 데 주저하는 대신 용기를 갖게 한다.

분노는 나쁜 감정이 아니라 오히려 자신을 보호하는 감정이다. 다른 사람과의 상호작용에서 원치 않는 부분을 인식해야만 자신의 욕구를 제대로 이해하고 경계를 설정할 수 있다. 또한 부모나 연인에게 직접적으로 분노를 표출하지 않더라도 자주 느끼는 짜증을 줄이는 데도 도움이 된다. 이러한 짜증은 눈에 보이지 않는 억눌린 분노가 오랫동안 쌓여 있다가 표출되는 것이다. **분노가 소화되지 않은 방식으로 나오는 것이 짜증으로** 우리의 기분과 타인과의 상호작용에 자주 영향을 미친다.

많은 이들은 '분노'를 두려워한다. 분노가 관계에 악영향을 미치고 다른 사람에게 상처를 입힐 것이라고 생각한다. 그러나 감정을 이해하는 것과 그것을 표현하는 방법을 선택하는 것은 별개의 문제다. 우리는 분노를 느끼는 상황에서 상대방이 나의 말을 듣고 이해할 수 있도록 온화하고 단호하고 명확하게 표현하는 방법을 선택할 수 있다.

가끔 우리는 크게 화를 내거나 큰소리를 치고 과장되게 반응하여 자신의 감정을 표현해야 한다고 느낄 때도 있다. 이는 나의 감정과 필요가 수용될 것이라는 확신이 부족하기 때문에 상대방이 내 감정에 주목하고 존중하도록 큰 소리로 반응해야 한다고 생각하는 것이다.

그러나 우리가 먼저 자신의 감정과 필요를 이해하고 받아들이며 자신의 경계를 인정한다면 **사실 우리가 동의하지 않는 한, 누구도 우리에게 영향을 미칠 수 없다. 우리가 자신의 편에 서 있으면 큰 소리나 강한 반응 없이도 진정한 욕구를 단호하게 표현할 수 있다.**

하지만 이는 우리가 자신의 감정과 욕구를 경청하고 이해하며, 그것을 받아들인다는 전제가 있어야 가능하다. 그리고 자신의 감정을 소화하고 관계에 도움이 되면서도 자신을 명확하게 표현할 수 있는 소통 방식을 선택해야 한다. 그래야 중요한 사람들에게 자신의 진정한 감정과 생각을 전달할 수 있다.

4.
자신의 감정을
평가하지 않기

    자신의 감정을 인정하고 받아들이는 것은 매우 중요하다. 자기 감정을 평가하지 않아야만 우리는 더 철저히, 깊이 있게 자신을 이해할 수 있다. 만약 부정적인 평가를 한다면 이로 인해 자신을 피상적으로 이해하는 수준에 머물게 되고 이것은 수치심으로 이어진다. 수치심에 사로잡히면 아무것도 들을 수도 볼 수도 없고, 그저 수치심이라는 구덩이에 빠져 허우적거린다.

    자신을 진정으로 이해하고 필요한 것이 무엇인지 알고 싶다면, 그리고 수치심의 속박에서 벗어나 관계를 해치는 생존 전략을 사용하지 않고 자신을 표현하기를 원한다면 자신의 목소리에 귀를 기울이고, 어떤 평가 없이 감정을 순순히 이해하고, 그저 자신의 감정 상태와 진정한 내면 욕구를 받아들여야 한다.

투사적 동일시: 모호한 경계로 인한 왜곡된 자기 인식

자신의 감정과 필요를 이해하는 것은 중요하다. 어떤 감정과 욕구가 다른 사람의 것이고, 어떤 것이 자신의 것인지 구별할 수 있게 된다. 이는 나와 다른 사람 사이에 경계를 설정하는 데 도움을 준다. 많은 연애 중독, 상호 의존적인 친밀한 관계에서는 감정의 경계가 모호한 경우가 많다. 한쪽이 자신의 감정과 욕구를 구분하지 못하고 내면의 수치심과 열등감을 인식하지 못하면 극단적인 감정으로 다시 나타나고 그것을 감당할 수 없을 때 상대방에게 투사하는 경우가 흔히 발생한다. 그리고 상대방의 감정적 경계와 자기 가치, 자기 인식, 감정과 필요가 모호할 때 상대방이 우리에게 투사한 감정과 부정적 꼬리표를 그대로 받아들이기 쉽다. 이는 우리 자신을 바라보는 관점이 되고 정말 그런 사람이라고 스스로 착각하게 된다. 이것이 바로 '투사적 동일시Projective Identification'이다.

이와 관련된 사례로 '순종해야 한다'는 친밀감에 대한 두려움이 있는 미정과 그의 연인 성준의 이야기로 돌아가 보자.

'나는 부족한 사람이다'와 '버림받는 것에 대한 두려움'을 가지고 있는 성준의 생존 전략은 '싸우기'다. 친밀한 관계에서 그가 안정감을 얻는 방법은 '타인을 통제하는 것'이다. 그래서 미정에게 자신의 방식대로 행동하도록 강하게 요구했다. 만약 그녀가 따르지 않으면 성준은 그녀를 부정하고, 모욕을 주는 방법으로 결국 자신의 방식대로 따르게 만들었다.

성준의 내면에는 자신이 부족하다는 불안이 깔려 있었기 때문에 이 불안이 드러나 관계에서 버림받을까 봐 두려움을 느꼈다. 그래서 그는 자신이 부족하다고 느끼는 부분을 미정에게 투사하여 그녀를 부족한 사람으로 만들었다. 그러면서 자신은 부족하지 않은 사람, 완벽한 사람이라고 생각하게 됐고, '완벽한 사람이 부족한 사람을 통제하고 더 나은 방향으로 이끌어야 한다'는 논리를 더욱 견고하게 다졌다.

성준은 '나는 부족해'라는 모든 불안을 미정에게 투사할 때 안도감을 느끼고 그녀를 통제하고 자신의 행동을 정당화했다. 왜냐하면 그에게는 자신의 가치관이 옳고 좋은 것이기 때문이다. 그리고 '순종해야 한다'는 친밀감에 대한 두려움이 있는 미정은 이 과정에서 '나는 나쁘고 열등한 존재야.'라는 부정적인 꼬리표를 받아들이며, 이로 인해 자기 가치와 자기 인식, 자신의 역량을 더욱 약화시켰다. 심지어 그녀는 성준에게 저항할 능력이 없다고 여겼고, 성준의 방식대로 따르지 않으면 상처받을 것이라고 생각했다. 이는 그녀의 취약성과 무력함을 강화해 자신의 요구를 제시하거나 반항할 수 없다는 확신을 갖게 했다.

결국 두 사람의 관계는 점점 더 불평등해지며, 성준은 미정의 인생을 더욱 통제했다. 주변 사람들도 성준이 미정보다 낫다고 인식하자 그녀는 성준의 기준에 따르는 것을 당연시하고 그를 더 의존하게 됐다. 성준에게 순종해서 그의 인정을 받아야만 자기 가치감을 느꼈다. 그녀는 더 이상 독립적인 개체로 설 수 없게 되었으며

내 상처가 사랑을 밀어내지 않게 하려면

두 사람의 관계는 악순환에 빠졌다.

이 장면이 왠지 익숙하게 느껴지지 않는가? 이것은 실제로 나중에 변형된 PUA^Pick-up artist(연애 조작 기술)이며, 친밀한 관계에서 흔히 사용되는 기술이기도 하다.

자신의 친밀감에 대한 두려움과 감정과 욕구를 이해하는 것은 상대방이 투사하는 문제와 감정을 받아들이지 않도록 도와준다. 다른 사람의 문제를 자신의 문제로 받아들이면 끝도 없이 그들의 문제를 해결하는 데 매달리게 되고, 정작 자신의 문제는 해결하지 못한다.

두려움을 이기기 위해 자기중심 찾기

버림받는 두려움은 우리 내면의 취약함을 불러일으키고 이것은 우리를 무력하고 통제할 수 없는 존재로 인식하게 한다. 뇌에서는 이것이 심각한 생존의 위기로 인식되므로, 우리는 이러한 취약함이 발생하지 않도록 모든 방법을 동원하려 한다.

버림받는 두려움으로 인해 생긴 취약함은 우리를 불안하게 만든다. **하지만 부정적인 감정을 받아들이는 데 익숙하지 않으면 '불안'에 휘둘린다.** 불안은 버림받는 두려움으로 인한 취약함에 순응하고 일시적으로 달래는 전략을 선택함으로써 실제로 이 취약함을 느끼지 않고 두려움에 직면하지 않도록 해 준다. 가장 일반적인 대처 방법으로 두 가지가 있다.

- **구원자에 의존하기** 나는 버림받는 것이 두려워서 이 취약함에서 나를 구해 줄 수 있는 힘과 능력을 가진 다른 사람(관계)에게 전적으로 의지한다. 내가 올바른 사람을 찾기만 하면 반드시 그가 나를 구해 줄 것이다.
- **취약함 회피하기** 나는 버림받는다는 이 느낌이 싫어서 피한다. 나를 연약하게 만드는 모든 관계를 싫어한다. 연애를 하고 있는데, 헤어질까 봐 두려워하거나 걱정하고, 상대방과의 거리가 너무 가까워서 신경이 쓰이거나 심지어 질투와 같은 부정적인 감정을 느끼면, 나는 오히려 무관심해지고 상대방과의 관계에서 멀어지려 한다. 이렇게 하면 상대방의 영향을 받지 않고 자신을 보호할 수 있어서 안전하다고 느낀다.

이 두 가지 생존 전략은 상반된 것처럼 보이지만 실은 동일한 문제를 해결해야 한다. '나는 취약함에 휘둘리고 싶지 않아. 이것을 극복할 방법을 찾고 싶어. 나는 나를 통제할 힘과 능력을 갖고 싶어.'

나를 구원해 줄 누군가가 있다고 믿는다면, 이 취약함에 해결책이 있다고 믿을 수 있다. 어쩌면 내면의 불안을 조금은 견딜 수 있으며, 지금 이 사람이 '그 사람'인지 확인하고 검토하려 노력할 것이다.

내가 나를 취약하게 만들지 않는 한 상처받거나 두려워할 일이 없다고 믿는다면 다른 사람이 너무 가까이 다가오지 못하게 하고, 다른 사람을 너무 신경 쓰지 않는 것이 취약함을 해결하는 궁극적인 방법이라고 믿는다.

우리는 버림받을 거라는 취약함이 어린 시절의 우리에게 지대한 영향을 미쳤을 거라고 생각하지 못한다. 그러나 그때보다 힘과 자원을 가진 지금, 우리는 더 이상 그렇게 연약하고, 자원과 선택의 여지가 없는 어린아이가 아니다. 어느 정도 힘과 능력이 있으며, 이 두려움을 직시하고, 취약함을 그대로 느끼며, 자신이 얼마나 상처받아 왔는지를 이해하는 동시에 그동안 얼마나 외롭고 고독했는지 알 수 있다.

우리는 마침내 취약함을 문제로 여기고 즉시 해결하려는 전략을 세우지 않아도 된다. 그 대신 이 취약함이 우리에게 어떤 영향을 미쳤는지 바르게 이해하고 받아들이며, 내면아이에게 우리는 이미 성장했고 더 이상 두려워하지 않아도 된다고 말해 줄 수 있다.

우리는 스스로를 구원할 수 있는 사람이 될 수 있고, 다른 사람과 깊이 사귀어도 그로 인해 상처받거나 무너지지 않을 수 있다. 어쩌면 다른 사람이 떠나는 것이 우리를 슬프게 하겠지만 여전히 자신을 사랑할 수 있는 능력과 힘이 있으며 자신을 지탱하고 새로운 관계를 맺을 수 있을 뿐만 아니라 계속 사랑을 주고받을 수 있다. 왜냐하면 이제 우리는 자신을 사랑하고, 사랑받을 자격이 있다고 믿기 때문이다.

이별은 단지 서로의 인연과 선택 때문이지, 내가 부족해서 버림

받는 것이 아니다. 이별은 여전히 우리를 슬프게 하지만 그것이 '내가 부족해서', '내가 사랑받지 못해서' 벌을 받는 것이 아니다.

그렇다면 우리는 '구원자 찾기'와 '타인 거부'라는 두 가지 전략에서 벗어나 우리를 둘러싸고 있는 세상과 관계를 바로 바라보고, 자신의 두려움을 극복하고 자신만의 친밀한 관계를 형성할 용기를 가질 수 있다. 자신의 상상 속에 머물거나 스스로 한계를 짓지 않고 말이다.

5.
친밀감에 대한 두려움을
다루는 법

1. 분별하기

자신의 감정을 받아들이는 연습을 하고 나면 '감정 재현'이 일어날 때마다 분별하는 훈련을 할 수 있다.

'이 감정이 현재 상황과 관련이 있는 걸까? 아니면 과거의 경험 때문인가? 트라우마와 미해결 과제 탓에 느껴지는 감정인가? 그러면 이 감정이 지금 상호작용하는 사람과 관련이 있는지, 아니면 과거의 상호작용한 사람과 관련이 있는지 분별하는 데 도움이 된다.

부정적인 감정을 느낄 때 자신에게 다음과 같이 질문해 보자.

- **이 감정은 무엇인가?**

  예시: 두려움인가? 나는 무엇을 두려워하는가? 왜 두려워하는가? 무엇으로부터 벗어나고 싶은가?

- 지금 나는 어떤 느낌인가?

  예시: 왜 이렇게 회피하고 싶은가? 이 순간 나는 자신을 어떻게 생각하고 있는가?

자신에게 질문을 던짐으로써 내가 두려워하고 회피하려는 진짜 감정을 이해할 수 있다. 이것이 바로 감정을 직시하는 것이며, 이전과 같은 방식으로 반사적으로 반응하지 않기 위한 핵심이다. 이는 영화 〈해리 포터와 아즈카반의 죄수Harry Potter And The Prisoner Of Azkaban〉에서 해리가 가장 두려워하는 것은 볼드모트도, 자신을 죽이려 한다고 오해한 시리우스 블랙도 아닌, 바로 디멘터Dementor(해리포터의 행복한 기억을 빨아들이고, 오로지 안 좋은 기억만을 끄집어내 끝없이 악몽으로 빠트리는 마법생물-역자)였다. 리머스 루핀은 해리에게 '이것은 두려움 그 자체'라고 표현하기도 했다. 루핀이 그렇게 말한 이유는 해리가 디멘터의 본질을 제대로 보지 못하고, 디멘터에게 사로잡혔을 때 디멘터가 우리의 행복한 기억을 빼앗아 '더 이상 행복해질 수 없다'고 느끼게 하기 때문이다.

즉, 디멘터(두려움) 자체는 실제로 우리에게 직접적인 상처를 주지 않지만, 우리를 지탱하는 희망을 잃게 하고, 자기 의심과 두려움을 심는 방식으로 우리를 넘어뜨린다. 이러한 디멘터의 수법, 즉 두려움 자체가 의미하는 바와 그것이 미치는 영향을 제대로 파악해야 한다. 이 두려움이 과거의 우리에게는 영향을 미쳤을지 몰라도 현재의 우리에게는 더 이상 두려움의 대상이 아니라는 사실을 끊

내 상처가 사랑을 밀어내지 않게 하려면

임없이 상기시켜야 한다.

2. 위로하기

어쩌면 지금 느끼는 이 감정이 과거와 관련이 있을 수 있지만, 이제는 단지 도화선일 뿐이라는 것을 알게 되면 이 감정을 직시하고 명확하게 볼 수 있고, 자신에게 이렇게 말해 줄 수 있다.

"이제 분명하게 볼 수 있어. 더 이상 두려워하지 않아. 지금의 나는 충분히 감당할 수 있어. 그 감정이 다시 나타난다고 해도 나를 의심할 필요는 없어."

우리는 과거에 상처받은 경험으로 불안해질 수 있고, 과거 소중한 사람을 잃었던 경험으로 버림받는 것을 두려워할 수 있다. 또 과거에 내 감정을 무시당한 경험 때문에 통제당할까 봐 걱정될 수 있고, 과거 부정당한 경험으로 다른 사람이 자신을 형편없다고 생각할까 봐 걱정할 수 있다.

하지만 이제 내 삶의 주인은 나다. 나에게는 확실한 자원과 힘이 있고, 어떤 사람이 되고 싶은지 결정할 수 있을뿐더러 충분히 대처할 수 있다. 지금의 나에게 모든 선택권이 있기 때문이다. 그래서 나는 나 자신을 위로할 수 있다.

'내가 지금 어떤 감정을 느끼는지 알고 있어. 그게 내가 나쁘고 형편없는 사람이라고 느끼게 할 수 있지만, 그것은 결코 사실이 아니야. 여전히 나를 사랑하는 사람들이 있고, 나에게는 자신을 돌보고 보호할 수 있는 힘이 있어. 나는 내가 사랑하는 사람들을 사랑할 수 있고, 그들 모두가 나를 통제하거나 상처 주지 않고, 실망하게 하지도 않아. 나는 안전해. 다른 사람들이 나를 대하는 태도 때문에 내 가치를 잃어서는 안 돼. 나는 사랑받을 가치가 있고 나는 소중한 사람이야. 내 마음은 다른 사람들이 나에게 기대하는 것을 충족시키지 못했을 때 생기는 상실과 실망도 견딜 수 있어. 왜냐하면 나는 항상 내 편이기 때문이야.'

따뜻한 물로 샤워하기, 따뜻한 차 마시기, 부드럽게 마사지하기 등 자신을 위로하고 돌보는 방법을 찾아보자. **'감정 재현'은 견디기 힘든 일이지만, 아무리 힘들어도 언젠가는 지나간다. 마치 폭풍과도 같다.**

감정 재현이 나타나는 이유를 이해하고, 자신을 가장 편안하고 좋은 자세로 보호하고 스스로를 동반해 주면서 이 폭풍이 지나가게 한다. 폭풍에 휩쓸려 자기를 해치거나 의심하지 말아야 한다. 그러면 이 폭풍이 지나가고, 그때 우리는 깨닫게 될 것이다.

'나는 나 자신을 보호할 수 있고, 나에게는 힘이 있다!'

이 경험으로 우리는 자신에 대한 새로운 관점과 능력을 얻을 수 있다. 그리고 마침내 우리는 더 이상 두려움과 분노, 죄책감, 수치심 앞에서 무력하지 않다는 것을 알게 된다. 그리고 우리는 진정으로 이 사실을 체감한다.

3. 다시 선택하기

감정 재현으로 인해 발생한 상처를 스스로 위로할 수 있을 때 우리는 더 이상 반사적인 '싸우기 또는 회피'로 반응하지 않는다. 그 대신 침착하게 자신을 진정시키고 현재 자신의 상태를 이해하려고 한다. 그리고 현실을 있는 그대로 판단하고 자신의 필요를 파악하여 진정으로 원하는 선택을 다시 할 수 있다.

다시 선택하는 것은 생각과 결정 및 현실에 대한 평가와 관련이 있으므로 이 부분은 뒤에서 자세히 다루도록 하겠다. 따라서 이 단계에서는 더 이상 자신이나 다른 사람을 공격하지 않고, 감정을 차단하는 등 과거의 자동적이고 반사적인 선택으로 바로 뛰어들지 않도록 하는 것이 중요하다. 이것이 이 단계에서 반드시 기억해야 할 핵심이다.

과거의 두려움과 자신이 빠지기 쉬운 '구멍'에 직면할 때 가능한 한 그 안으로 바로 뛰어들지 말아야 한다. 이것이 현재 우리가 나아가야 할 노력의 방향이자 중요한 목표이다.

6.
<u>내면의 부정적 목소리에</u>
<u>신경 끄기</u>

오래전 나에게는 모두가 나를 떠날 것 같은 '버림받음'에 대한 두려움과 '부족한 사람'이라는 결핍에 대한 두려움이 있었다. 그래서 친밀한 관계에서 갈등이 생기는 것을 무척 두려워했다. 갈등이 생길 때마다 나는 매우 극단적인 감정이 솟구치곤 했다. 그것은 두려움과 불안, 분노, 좌절감, 수치심, 죄책감, 자기혐오 등을 포함한 매우 복잡한 감정이었다. 마치 물에 빠져서 질식할 뻔했다가 겨우 물 밖으로 나온 느낌이었다.

그때 내 안에서 부정적인 목소리가 들려왔다.

'그거 알아? 아무도 너를 사랑하지 않아. 너 같은 사람을 누가 좋아하겠어.'

이러한 내면의 목소리와 생각들은 감정 재현이라는 고통스러운 상황에 있던 나에게 강력한 한 방이 되어 내면의 신념으로 자리 잡고 부정적인 꼬리표를 만들었다.

- 아무도 나를 사랑하지 않는다.
- 나는 무가치한 사람이다.
- 나를 받아 줄 사람은 아무도 없다.
- 내가 뭘 해도 다 소용없다.
- 이 세상에 믿을 만한 사람은 없다.

이 목소리와 함께 내면의 부정적인 꼬리표가 하나씩 따라 나와서 복서가 펀치를 날리듯 정신없이 공격했다. 나중에야 이 목소리가 내 안에 있는 '비판자'라는 것을 깨달았다.

싸움, 회피, 경직, 비위 맞추기로 대응할 때

어떻게 보면 내면의 부정적 목소리가 우리를 괴롭히는 것 같지만, 사실 이것은 과거에 우리가 경험했던 고통 때문에 생겨났고, 우리에게 상처와 관련된 기억을 상기시키기 위해 충실한 신하의 역할을 다하고 있는 것이다.

'지금 또 예전에 상처를 경험했던 때와 같은 상황이야. 이게 얼마나 고통스러운지 알잖아. 빨리 예전에 했던 방법대로 대응해야 해.'

여기서 문제는 '충신'이 경보기처럼 우리에게 필요 이상으로 예민해지도록 한다는 것이다. '자라 보고 놀란 가슴 솥뚜껑 보고 놀란다'는 말이 딱 맞는 표현이다. 넓적하고 동그란 모양만 봐도 깜짝 놀라다 보니 모든 상황에 대처하는 기준이 높아질 수밖에 없다. 이런 높은 기준은 한두 번은 괜찮을지 모르지만, 매사에 지나치게 경계하고 예민하게 굴면 사람들은 항상 불안과 두려움에 빠져 안정감과 편안함을 느낄 수 없다. 심지어 '미리 대비'하여 자신이 이런 상황에 처하지 않도록 모든 가능성을 피하려고 할 수도 있다.

그래서 우리가 계속해서 두려움 속에 머무를 때, 특히 친밀한 관계가 이런 두려움과 불안을 쉽게 유발할 때 우리는 자신의 감정을 통제하려 하고, 다른 사람이나 환경을 통제하려고 한다. 또한 이런 두려움과 고통을 피하려고 생존 전략을 채택하려 애쓰지만, 현재 상황을 실제로 이해하지 못하고, 현재의 친밀한 관계 문제를 판단하지 못하며, 스스로와 상대방을 인식하지 못한다.

예를 들어 내면의 부정적인 생각을 믿고 상대방이 나를 버릴 것이라고 생각한다. 만약 여기서 '싸우기' 전략을 사용한다면 상대방을 통제하려 하고, 상대방의 모든 행동을 확인하려 들며 자신이 버림받는 상황에 빠지지 않도록 애쓸 것이다.

아니면 '회피' 전략을 사용할 수도 있다. 나는 나를 통제할 수 있고 상대방에게 의존하지 않으며, 관계에 너무 많은 시간을 투자하지 않는다. 기대하지 않으면 상처받지 않는다는 원칙을 지키면 안전하게 살아갈 수 있다. 만약 상대방이 나를 버려도 나에게 그다지 중요한 사람이 아니었기에 그렇게 아프지 않을 것이며, 오히려 내가 먼저 상대방을 버리면 나는 안전할 것이라고 생각한다. 물론 '경

내 상처가 사랑을 밀어내지 않게 하려면

직' 전략을 선택할 수도 있다. 문제를 직면하지 않기로 선택하고, 아예 감정을 차단하고 드라마 시청이나 식사, 음주, 쇼핑, 일 등 물질적인 삶으로 관심을 돌린다. 나는 내 감정을 통제할 수 있으며, 굳이 직면하지 않으면 이 감정이 나에게 상처를 주지 않을 것이다.

더 자주 사용되는 것은 '비위 맞추기' 전략이다. 나의 노력과 희생을 통해 상대방이 내 곁에 머물게 하고 버림받지 않도록 그에게 잘 보이려고 노력한다.

내면의 부정적인 목소리를 위로하려면

이제 알아차렸을 것이다. 어떤 전략이든 간에 모두 근본적인 문제가 있다는 것을 말이다. 이런 행동과 사고는 모두 '나'에 의해 결정된다. 우리는 상대방이 어떤 사람인지, 친밀한 관계에 대해 어떤 생각과 가치관을 갖고 있는지 모른다. 마찬가지로 자기 내면의 두려움과 감정을 상대방에게 알리지 않았다. 그저 혼자서 결정을 내리고 패턴과 생각, 가치관을 선택했다.

그리고 관계를 위해 대단한 희생과 헌신을 하는 것 같지만, 사실 관계보다 자신이 버림받지 않는 것을 더 중요하게 생각했다. 이것은 우리 관계를 진정으로 이해하는 것과 상대방이 관계에서 느끼는 감정과 요구를 이해하는 것과도 거리가 멀었다.

앞서 언급한 바와 같이, 우리는 자신의 상상에 빠져 자신과 상대방을 이상화한다. 당연히 이런 이상화는 쉽게 무너지기 때문에 자신과 상대방을 완전히 부정하는 생각에 빠질 수 있다. 이러한 상황에 직면할 때 내면의 부정적인 목소리가 우리에게 무엇을 말하는지 이해하려고 노력하자. 그 생각들이 정말로 합리적인지, 아니면 그저 습관적으로 믿고 있는지 확인해 볼 필요가 있다. 제삼자나 친구의 입장에서 냉정하게 상황을 바라보자.

만약 친한 친구가 연인과 싸운 후 "나는 앞으로 사랑받지 못할 것 같아. 이 세상에 존재하는 것 자체가 아무런 의미가 없어."라고 한다면 뭐라고 답할 것인가?

이때 내면의 부정적인 목소리를 잠재우기 위해 먼저 자신의 친구가 되는 것부터 시작해 보자. 불안한 상황에서 발생한 부정적인 생각과 꼬리표가 과연 합리적인지 다시 생각한다. 그리고 '모 아니면 도'라는 이분법적 함정에 빠지지 않도록 주의하자.

실전 연습 1

친밀한 관계에서 당신은 자신에게 어떤 부정적인 꼬리표를 붙였는가? 이것이 당신에게 어떤 영향을 미치는가?

내면의 부정적인 목소리와 대화하기

1. 분별

내면의 부정적인 목소리는 일반적으로 언제 들려올까? 당신에게 뭐라고 말하나?

내 상처가 사랑을 밀어내지 않게 하려면

2. 현실 규명

그 말이 정말 사실인가? 당신의 친한 친구나 당신을 사랑하는 사람이었다면 같은 말을 했을까? 아니면 그렇지 않았을까? 만약 당신이 아무 상관 없는 사람이었다면 어떤 입장을 취했을까?

3. 대화 재개

당신은 더 이상 예전처럼 부정적인 목소리에 좌지우지되고 쉽게 공격받는 어린아이가 아니라는 사실을 기억하자. 자신을 내면의 부정적인 목소리와 동등한 위치에 놓고 대화를 나눠 보자. 그렇게 생각하는 이유를 물어보고, 무엇을 두려워하는지 알아보자. 그리고 당신은 다른 의견을 제시해서 실제 상황이 그렇지 않다는 것을 알려 주자.

왜 내면의 부정적인 목소리가 생길까

내면의 부정적 목소리는 우리가 부모나 주류 가치관의 기준을 내재화한 것이다. 자신에게 상처를 주고 부족한 존재로 느끼게 했던 이 기준들은 자기 안에서 충분히 소화되지 못하고 내면의 부정적 목소리를 형성했다. 앞서 말했듯이 내면의 부정적 목소리는 원래 자신을 보호하기 위해 개발한 방어기제였다. 내부에서 먼저 자각해야 외부에서 상처받지 않는다. 그러나 결국 이것은 자신을 가장 아프게 하고 종종 '자기 파괴'의 근본적인 원인이 된다.

한번은 나와 함께 일하는 정신분석가와 내면의 부정적 목소리에 대해 이야기를 나눈 적이 있었다. 그때만 해도 나는 부정적인 소리에 사로잡혀 공격을 받으면 전혀 움직일 수 없었고, 선택의 여지 없이 자기혐오의 구덩이에 빠져들었다. 그때 정신분석가는 내게 이런 질문을 했다.

"이제는 당신도 많이 성장했으니 내면의 부정적인 목소리를 내는 존재와 대화를 나눠 보는 건 어때요? 왜 그렇게 걱정이 많은지, 대체 무슨 말을 하고 싶은 건지, 뭐가 두려운 건지 말이에요. 당신이 그 걱정과 생각에 동의할 수 있는지 생각해 보는 기회가 될 것 같은데요?"

그의 제안을 듣고 나는 이렇게 생각했다.

'그게 가능해? 존재하지도 않는 존재와 어떻게 대화하라는 거야?'

첫째는 내면의 부정적 목소리가 내 말을 들을 리 없다고 생각했고, 둘째는 내가 그것을 대면하고 영향을 미칠 만큼 충분한 힘을 갖추지 못했다고 여겼다. 그런데 막상 시도해 보고 나니 **내면의 부정적 목소리는 어떤 면에서 과거 권위자들과 타인, 그리고 주류 가치관과 나에 대한 부정적인 꼬리표 등으로 형성된 '내면의 권위자'라는 사실을 깨달았다.** 마치 나를 훈육하는 교관처럼 느껴졌다. 그래서 그의 말이라면 무조건 들을 수밖에 없었고 조롱과 폄하를 해도 무조건 받아들일 수밖에 없었다. 그러지 않으면 외부 환경에 의해 만신창이가 될 거라고 생각했다.

하지만 이 '내면의 권위자'는 애초에 내가 만들어낸 권위가 아니

내 상처가 사랑을 밀어내지 않게 하려면

었다. 즉, **이 기준과 규칙은 내가 어떤 사람이 되고 싶은지, 어떤 삶을 살고 싶은지 이해하기 위해 내가 의식적으로 생각하고 선택한 기준과 원칙이 아니었다.**

그는 절대적인 힘을 가지고 있었고, 그의 의견을 따르고 모든 것을 완벽하게 해내더라도 나는 여전히 약했고 낮은 자존감과 자기 회의감에 빠져 있었다. 왜냐하면 그것은 내가 내린 결정도 아니었고, 그의 억압 속에서 나의 진정한 관점과 선택이 무엇인지 분명히 알 수 없었기 때문이다.

다른 사람의 기준을 나의 기준으로 삼으면 우리는 자기 정체성을 형성할 수 없다. 이 때문에 큰 위기에 직면했을 때 다른 사람의 기준에 맞춰 형성된 정체성은 쉽게 흔들리고 혼란에 빠지며 심지어 정체성 위기를 초래할 수 있다. 간단히 말해서 자기 의심과 강한 내적 불안이 찾아온다. 늘 자신이 부족하다고 느끼면서도 자신이 무엇을 원하는지 모르기 때문에 불안한 나머지 계속해서 외부의 기준을 붙잡으려고 한다.

그리고 다른 사람을 부러워하거나 질투하고 주류의 성공을 얻기 위해 전력을 다하지만, 그것을 얻은 후에는 공허함을 느껴 끊임없이 성공을 추구한다. 그것이 자신의 행복과 기쁨이라고 믿지만 사실 그것은 다른 사람의 생각이지, 자신이 좋아하고 원하는 것은 아니다. 이것이 많은 사람이 눈부신 성취를 이루고도 자기 의심을 떨쳐 내지 못하고 심지어 자존감이 낮아지는 중요한 이유 중 하나이다.

우리가 자기 내면의 부정적 목소리와 대화할 기회를 갖는다면 그때 비로소 나는 어떤 사람인지, 내가 이루고자 하는 것이 무엇인지를 더 명확히 알 수 있다. 그런 다음 자기 정체성을 천천히 수정하면서 키워 갈 기회를 갖게 된다.

오늘 이룬 성취가 내게 중요하다면, 그것은 불안 때문에 무의식적으로 붙잡은 결과가 아니라, 내가 의식적으로 선택한 것이다. 그런 의미에서 자신을 지키려는 내면의 소리와 대화해 보기를 권한다. 때로는 그에게 반박하고, 때로는 그를 위로해 보자. 그러면 점차 자신의 힘과 내적 권위를 되찾을 수 있다. 그리고 이것은 누구도 빼앗아 갈 수 없는 여러분만의 승리가 될 것이다.

실전 연습 2

관계에서 안정감을 추구하는 방식은 무엇인가? 일반적으로 관계에서 안정감을 느끼기 위해 어떤 행동을 하는지 관찰해 보자.

이것은 연애에서 사용하는 생존 전략이기도 하다. 예를 들어 경림이 연애할 때 안정감을 추구하는 방식은 가능한 한 상대방과 함께 있고, 그의 행적과 친구 관계 등 그의 전반적인 생활을 아는 것이다. 그녀는 상대방에게 자신이 모르는 일이 있으면 바로 불안해지기 때문에 상대방의 일거수일투족을 알기 위해 끊임없이 질문하고 확인하곤 했다.

내 상처가 사랑을 밀어내지 않게 하려면

이때, 나는 경림에게 잠시 멈추고 스스로에게 물어보라고 권하고 싶다.

"내가 원하는 안정감은 무엇인가?"

경림이 원하는 안정감은 상대방이 자신을 항상 좋아하고 소중하게 여겨 주길 바라는 것이다. 그녀에게 다시 질문할 기회가 생겼다.

"그럼 지금 내 행동이 '내가 원하는 안정감'을 얻는 데 도움이 되는가?"

경림은 '아니'라고 답한다. 이제 스스로에게 이렇게 질문해 볼 수 있다.

"내 목적을 이루려면 어떻게 해야 할까?"

아마도 내면의 불안을 억누르면서 먼저 상대방의 감정과 필요를 이해하려고 하는 것이 자신이 고려할 수 있는 선택지 중 하나가 될 수 있다. 자신의 행동은 유연하게 조정할 수 있고, 더는 생존 전략에만 의존하지 않을 수 있다.

7.
반복되는 사랑의
패턴과 결별하기

지금까지 친밀감에 대한 두려움이 나타나 생존 전략을 실행하며 반복적인 사랑의 패턴이 이루어질 때 우리 내면에서 무슨 일이 일어나는지 이해할 수 있게 되었다. 그리고 자동적으로 감정과 반응이 나타날 때 어떻게 자신을 멈추게 하고 내면을 이해하며 현재 상황을 판단할 수 있는지를 배우라고 권했다. 이렇게 함으로써 과거에 머물지 않고 미래를 지나치게 걱정하지 않을 수 있다.

'과거는 과거일 뿐이다. 우리가 과거를 보내지 않으면 그것은 우리의 현재가 될 것이다. 미래는 아직 일어나지 않았다. 우리가 끊임없이 걱정하면 그것은 우리의 현재가 될 것이다.'

이제 상호 연관된 주요 사항들을 정리해 따라가면서 우리의 친밀감에 대한 두려움과 친밀한 관계에 대한 상상, 반복되는 사랑의 패턴에 대해 검토하고 생각해 보자.

반복되는 사랑의 패턴에 대한 탐색과 분별

1. 당신의 친밀감에 대한 두려움은 무엇인가? 관계에서 당신의 '미해결 과제', 즉 충족되지 않은 욕구는 무엇인가?

2. 관계에 대한 당신의 완벽한 상상(이상화)은 무엇인가? 이 상상은 과거 부모 또는 다른 친밀한 관계와 관련이 있는가?

3. 당신의 친밀감에 대한 두려움을 유발하는 요인은 무엇인가? 관계 안에서 느끼는 실망(충족되지 않은 욕구)과 관련이 있는가?

4. 당시 당신의 감정과 생각(내면의 부정적인 꼬리표)은 무엇인가? 이 때문에 친밀감에 대한 두려움이 더 커졌는가?

5. 이것이 당신이 어떤 행동(생존 전략)을 하도록 만들었나?

6. 당신이 그러한 행동을 통해 실제로 충족하고자 하는 욕구는 무엇인가? 당신이 진짜 원하는 것은 무엇인가?

7. 이 욕구가 효과적으로 충족되었나? 아니면 효과적이지 않았나?

8. 당신의 욕구를 효과적으로 충족하려면 어떻게 해야 할까?

이 항목들은 대부분 앞에서 하나씩 설명하긴 했지만, 사례를 통해 다시 한번 설명하려고 한다. '버림받는 두려움' 속에 있는 서희의 이야기로 돌아가 보자.

1. 서희의 친밀감에 대한 두려움은 '버림받는 두려움'이다

테스트를 완료한 후 서희는 자신이 버림받는 두려움 외에도 이 두려움이 야기한 '나는 부족해'라는 또 다른 두려움이 있으며, 관계를 유지하고 버림받지 않기 위해 순종해야 한다는 두려움도 나타난다는 것을 알게 됐다. 서희는 자신이 관계에서 충족되지 않는 욕구가 '나는 존중받지 못하고 있다', '나는 사랑받지 못하고 있다', '나는 무시당하고 있다'는 느낌임을 깨달았다.

2. 서희의 내면에 이상화된 관계

매우 엄격하지만 서희를 무척 이해하고 사랑해 주고, 그녀가 잘하든 못하든 항상 그녀 곁에서 돌봐 주고 보호해 주는 사람이 있었다. 서희는 그가 엄격하고 까다로운 태도에서 벗어나 자신을 인정하고 이해하며 끝까지 함께해 주기를 기대했다. 이것이 그녀가 바라는 사랑이었다.

서희는 마음속으로 이런 사람을 만나기만 하면 그가 자신을 구원해 줄 것이며, 과거와는 다른 사랑을 받고 사랑할 수 있는 행복한 삶을 누릴 것이라는 기대가 있었다. 그리고 탐구하는 과정에서 서희는 자신의 이상화된 기대가 아버지에 대한 상실감과 관련이 있음을 깨달았다. **자신이 추구하는 관계가 사실 아버지에게서 받지 못한 인정과 사랑을 보완하려는 것임을 깨닫는 것은 매우 중요한 일이었다.** 그러나 이 부분에 대해서는 인식과 이해뿐만 아니라, 내면의 자신을 위로하고 아버지와의 관계에서 느낀 상실감을 직면하고 애도하는 과정이 필요하다.

3. 친밀감에 대한 두려움을 유발하는 요인

서희는 상대방이 아무런 반응도 없고 무관심하거나, 자신에게 관심이 없거나 태도가 나쁘고, 자신을 존중하지 않는다고 느낄 때 극심한 불안에 시달린다.

4. 불안으로 인한 내면의 부정적 꼬리표

내가 부족해서 상대방이 내게 불만을 품고 그에게 버림받을까 봐 걱정하고, 그가 원하는 것을 하지 못했기 때문에(내가 그를 실망시켰기 때문에) 그가 더 이상 나를 원하지 않는 것은 아닌지 의심한다. 이러한 부정적 꼬리표는 서희의 친밀감에 대한 두려움을 더욱 심화시키며, 버림받을 두려움과 자신이 부족하다는 두려움, 자신이 상대방에게 충분히 맞춰 주지 않았다는 두려움을 유발한다.

5. 친밀감에 대한 두려움이 초래하는 불안

서희는 자신이 상대방을 기쁘게 하기 위해 노력하고, 가능한 한 상대방의 요구와 기대에 순종해야 한다고 느낀다(생존 전략).

서희의 생존 전략과 두려움이 섞이면서 '내가 사람들을 실망시키고, 다른 사람에게 순종하지 않으면 나는 버림받을 거야.'라는 생각을 더욱 강화한다. 그래서 **이 친밀감에 대한 두려움과 서희의 생존 전략이 결합해 스스로 빠져나올 수 없는 그물 속에 갇히고 만다.**

그런데 이 그물은 그녀 자신이 스스로 만들어 낸 것이다. 이제 그녀와 함께 현실을 분명하게 이해하는 단계로 넘어가 보자.

6. 상대방에게 순종하고, 최대한 기쁘게 해 주려는 이유

이 관계를 유지하고자 하는 것은 사랑받을 자격이 있고 자신은 충분히 훌륭해서 이 관계를 유지할 수 있다는 자신의 욕구를 충족하기 위함이다. 그러나 결국 이 관계를 유지하려는 것은 내면의 이상화 때문으로, 늘 이 관계가 '사랑받지 못하는 나를 구해 줄 수 있을 거야.'라고 희망하고 그것을 믿어 의심치 않아서다. 자신의 노력을 통해 사랑받고 자신의 사랑 패턴을 바꿀 수 있기를 바란다.

7. 그러나 현실적으로 관계에서 행복하지 않음을 깨닫는다

관계가 오로지 자신의 노력과 비위 맞추기로만 유지될 때 서희는 '이 사람이 정말 나를 행복하게 해 줄 수 있는 사람일까?'라고 의심하기 시작한다.

8. 상대방의 태도가 나쁘거나 자신을 비판할 때

서희는 자신의 순종이 사실 자신을 더욱 억울하게 만든다는 것을 깨달았다. 그래서 다시 생각하기 시작한다. 내가 사랑하고 나를 사랑해 주는 관계를 원하는데, 사랑에 인색하고 항상 나보다 자신이 더 중요하고, 내 노력을 고마워하지 않는다면 과연 그 사람이 나를 사랑해 줄 수 있는 사람일까? 나를 소중히 여기고 아껴 줄 수 있는 사람일까? 아니면 나의 무조건적인 순종이 나를 존중하는 법을 모르게 하는 걸까? 정말 내 감정과 욕구를 모르는 걸까? 그에게 어떻게 내 감정과 욕구를 알려 줄 수 있을까?

위 서희의 사례를 보면서 많은 사람이 그녀의 사고 흐름은 매우 자연스러운 데 반해, 우리는 어떤 질문에서 막힌다고 생각할 수 있다. 또 누군가는 자신이 이상화하는 것이 무엇인지, 어떤 두려움을 가지고 있는지, 진정한 자신의 욕구가 무엇인지 구분하기 어렵다고 생각할 수도 있다. 이런 상황은 지극히 정상적이다. 그래서 앞서 내면의 감정과 감정 재현 및 이해에 대해 많은 지면을 할애해 설명한 것이다.

자신을 탐구하는 것은 매우 깊고 긴 여정이다. 우리는 항상 두려움, 습관, 반사적 행동, 생존 전략을 사용해 왔기 때문에 내적 감정과 생각에 익숙하지 않다. 따라서 특정 질문에서 막힌다면, 일상생활과 친밀한 관계에서의 상호작용 속에서 뭔가 느껴진다면 그때마다 멈춰서 자신에게 물어보자.

- 지금 나는 어떤 상태인가?
- 왜 그 사람에게 그렇게 끌리는가?
- 그가 나를 대하는 방식이 부당하다는 것을 알면서도 왜 떠나지 못하는가? 왜 거절할 수 없는가? 나는 무엇을 두려워하는가?

이전에 탐구한 친밀감에 대한 두려움의 장으로 돌아가, 친밀감에 대한 두려움이 나에게 어떤 영향을 미치는지, 나는 어떤 감정과 생각을 가지고 있는지, 그것이 나의 행동에 어떤 영향을 미치는지 이해해 보자.

반복적인 탐구와 자기와의 대화, 이해는 우리가 점점 더 자신의 감정과 생각, 욕구를 명확히 알 수 있게 해 준다. 이는 관계에서 우리가 어떻게 대우받고 싶은지를 이해하는 데도 도움이 된다.

8.
한 번도 상처받지 않은 것처럼 사랑하기
– 마음 챙김 훈련

　자신의 내면 감정과 생각에 대해 점점 더 의식하게 되고, 과거의 행동 패턴을 점점 더 위로하고 분별할 수 있게 되면, 우리는 다른 사람과 상호작용하고 연결하는 방식과 대응 방식을 새롭게 구축할 수 있다.

　마음 챙김은 매 순간 '알아차림'을 의미하는 말로, 지금, 이 순간에 머물 수 있는 능력이다. 마음 챙김의 세 단계, 즉 '멈추기, 관찰하기, 반응하기'를 통해 새로운 상호작용 패턴과 친밀한 관계를 어떻게 구축할 수 있는지 살펴보자.

STEP 1. 멈추기: 감정 조절을 배우는 자기 위안 훈련

　멈추기 단계에서 가장 중요한 것은 자기 안전감을 높이는 것이다. 자기 안전감을 높이는 중요한 방법은 바로 자신을 위로하고 자신이 안전하고 통제 가능하다고 느끼는 것이다. '자기 위안' 훈련을 배우는 것이 멈추기 단계의 핵심이다.

앞서 우리는 감정 재현으로 인한 불안에 직면한 뒤 반사적으로 생존 전략(싸우기, 아첨, 회피, 감정 분리 등)을 선택할 때 먼저 감정 재현이 언제 일어나는지 알아차리고, 감정 재현이 나타날 때 즉각 반응 대신 잠시 멈추는 것이 중요하다는 점을 배웠다. 그것을 분별하고 견디며, 현재의 우리에게 그다지 치명적이지 않다는 것을 이해한다면 우리는 다른 선택을 할 용기를 낼 수 있다.

하지만 이것이 말처럼 쉽지 않다는 것을 많은 사람이 안다. 감정 재현이 나타나면 큰 위기감과 감정에 압도당해 도망칠 수도 없고, 깊은 불안과 두려움으로 움직이지 못해 결국 이전의 방식대로 대처하기 쉽다. 이때 내가 입버릇처럼 하는 말이 있다.

"이것은 지극히 정상적인 일이다."

정말 그렇다. 이런 반응에 익숙한 데다가 압박감 때문에 새로운 선택을 하기 힘들기 때문에 익숙한 과거 방식으로 반응하는 것은 자연스럽다.

이제 새로운 방법을 생각해 내야 한다. 그중 하나가 바로 '자기 위안' 훈련이다. 만약 당신이 서희라면 어떨까? 상대방이 전화를 받지 않거나 평소와 다른 행동을 하거나, 어떤 사건을 계기로 이 관계에 불안을 느낀다면 어떨까? 물론 이것들이 아주 사소한 징후라는 걸 알더라도 당신은 여전히 상대방이 배신할까 봐 걱정하고 있

내 상처가 사랑을 밀어내지 않게 하려면

다면 어떨지 생각해 보자.

먼저 자기 위안 훈련을 선택하여 몸과 마음을 편안한 상태로 만들고 난 후에 이 상황이 위기인지 판단해 본다. 상대방이 전화를 받지 않아 불안해서 계속 전화를 걸고 메시지를 보내고 싶을 때는 자신에게 이렇게 말해 보자.

"잠깐, 일단 멈추자. 지금 이걸 하지 않아도 별일은 일어나지 않아. 냉정해져야 잘못된 판단을 하지 않아."

몇 가지 자기 위안 훈련을 시도해 볼 수 있다. 다음의 몇 가지 항목 중 각자에게 맞는 것을 찾아보자.

- **심호흡하기, 스트레칭하기**
- **목욕하기, 좋아하는 음악 듣기**
- **좋아하는 드라마 정주행하기, 편안하고 좋아하는 일 하기**
- **친구와 대화 나누기**
- **자기와의 대화: 녹음기나 스마트폰의 녹음 앱, 혹은 글쓰기를 통해 현재의 불안을 명확히 하고, 이전에 언급한 '감정' 부분을 참고해서 자기와의 대화 및 분석을 시도해 보기**
- **춤추기, 달리기, 산책 등 운동하기**

서희가 버림받을 것 같은 감정을 느껴 즉시 상대방을 붙잡고 싶거나, 성혁이 통제받는 느낌이 들어서 즉시 도망가고 싶어 할 때 이런 방법들을 적극 추천한다.

일단 자기 내면에 쉽게 자극받는 경보기가 안정되고 달래질 기회가 생기면 마치 어린 시절 경험하지 못했던 돌봄을 지금의 당신이 스스로에게 할 수 있게 된다. 그러면 내면에서 '조금만 바람이 불어도 즉시 반응하는' 생존 불안의 순환이 끊어질 수 있다. 사실 이것은 우리가 자신을 위해 하는 첫 번째 단계, '감정 조절'이다.

자신의 감정을 조절할 수 있으면 상대적으로 다른 사람의 위로가 필요한 부분이 줄어든다. 우리는 안정감을 느끼고 상대방에게 쉽게 영향을 받지 않고, 다른 사람과의 관계를 습관적으로 즉각 반응하거나 처리하지 않도록 한다. 예를 들어 다른 사람을 즉시 통제하거나 관계를 끊어내고 그에게 영향을 받을까 걱정한다면 즉시 감정을 차단해야 한다(자기통제).

우리가 자기 위안을 잘 해나갈수록 자기감정을 잘 이해하면 평안해진다는 사실을 알게 된다. 이런 감정의 흐름이 더 자유로워지면 안정감을 느낄 뿐만 아니라 외부 환경이나 다른 사람의 반응에 쉽게 영향을 받지 않는다. 이런 내면의 안정감은 우리에게 평안함과 우리가 원하는 자기 만족감을 준다. 이를 위해 자신을 자랑하거나 남을 깎아내릴 필요도 없고, 자신과 다른 사람을 엄격하게 통제할 필요도 없다.

이런 자기감정 조절이 가능해지면 친밀감에 대한 두려움에 쉽게 빠지지 않고, 과거와 같이 생존 전략을 사용하여 반복적인 사랑의 패턴을 연출하지도 않을 것이다.

내 상처가 사랑을 밀어내지 않게 하려면

STEP 2. 관찰하기: 정신화 능력 기르기

자기 위안 훈련을 했다면 이제는 정신화 능력mentalization ability
을 길러야 한다. 이는 자신과 다른 사람을 인식하는 것으로 관계의
현재 상황을 판단하고 소통 방식이나 반응 및 행동을 선택하는 데
도움을 준다.

정신화 능력은 다음의 두 가지 능력을 의미한다.

- **자기 인식:** 자신의 감정과 행동 이면의 의미를 이해하는 것
- **타인 인식:** 타인의 감정과 행동 이면의 의미를 이해하는 것

정신화 능력을 키워야 하는 이유는 무엇일까? 불안의 영향으로
우리는 친밀감에 대한 두려움과 내면의 부정적 꼬리표에 빠져서
계속해서 동일한 사고의 패턴으로 자신과 타인, 그리고 관계를 해
석한다. 오직 불안과 두려움을 진정시키고 나서야(앞 단계에서 논의
한 자기감정 조절, 즉 멈추기) 우리는 자동화된 패턴에서 벗어나 현
재의 자신과 타인, 그리고 관계를 이해할 수 있다. 그러지 않으면
늘 과거에 사로잡힌다.

그러나 과거의 굴레에서 벗어난 후에도 우리는 여전히 자신과
타인을 올바르게 해석하는 능력이 필요하다. 그렇지 않으면 여전
히 익숙한 해석에 영향을 받아 다시 친밀감에 대한 두려움에 휩싸
여 과거의 익숙한 사랑 패턴에 빠질 수 있다. 따라서 정신화 능력을
키우면 현실을 명확히 판단하여 친밀감에 대한 두려움이라는 안

경을 쓰고 부정적으로 해석하거나 자신과 타인의 행동을 지나치게 낙관적으로 해석하여 관계를 악화시키는 일이 없어진다. 이는 관계가 자신의 상상 속에 빠지지 않도록 하고, 효과적인 의사소통이 이루어지도록 돕는다.

그렇다면 어떻게 정신화 능력을 향상시킬 수 있을까? 관찰하기 능력을 기르면 된다.

1. 자신의 상태: 과거의 패턴이 있는지 주의 깊게 살피기

- 친밀감에 대한 두려움이 촉발되었는가?
- 촉발된 사건은 무엇인가?
- 촉발 후 어떤 감정과 생각이 드는가?
- 하고 싶은 행동은 무엇인가?
- 그것이 효과적인가(어떤 결과를 초래했고, 그것이 내가 원하는 결과인가)?

2. 타인의 상태

- 그는 왜 그렇게 행동하는가?
- 그의 감정과 생각은 무엇인가?
- 이루고자 하는 목적은 무엇인가?

자신과 타인의 상태를 이해할 때 먼저 자신을 명확히 관찰한 뒤에 타인을 생각해야 한다. 우리가 자신을 먼저 명확히 볼 수 있어야 자신으로 인해 야기되는 부분을 이해할 수 있고, 더 많은 자기 위안

내 상처가 사랑을 밀어내지 않게 하려면

과 이해가 가능하며 기분이 내키지 않거나 억울하지 않다.

자신을 명확히 보고 타인을 보면 상대방의 말과 행동 뒤에 숨겨진 목적을 더 잘 이해할 수 있으며, 자신의 방어를 내려놓고 진심으로 상대방의 행동이 나에게 위협이 아닌 좋은 의도, 가까워지려는 이유, 이해받고 싶은 감정 등이 있다는 것을 느낄 수 있다.

이렇게 상대방의 좋은 의도를 보는 것은 중요하다. 상대방을 위협적으로 느끼면 우리는 저항하고 공격하고, 설득하려 하고 억지로 따르려 할 것이다. 그렇게 되면 진정으로 자신과 타인의 필요를 이해할 수 없다.

차분하게 자신을 먼저 살펴보고, 상대방의 행동 뒤에 숨겨진 목적과 요구를 이해하려고 할 때만 상대방이 선의를 가지고 있는지 파악할 수 있다. 그러면 사랑으로 상대와 소통할 수 있으며, 상처 입거나 충돌하는 것 없이 관계를 유지할 수 있다.

STEP 3. 반응하기: 경청, 이해, 설명, 반응, 응답

'반응하기' 단계에는 몇 가지 핵심 사항이 있다.

- **타인에 대한 이해력을 높이고 표현하기**: 이해, 공감, 경청
- **자신의 감정과 필요 표현하기**: 자신을 설명하고, 상대방에게 반응하며, 경계 설정하기
- **실행 가능한 전략 제시하기**

반응하기 단계는 관찰하기 단계와는 다르다. 관찰하기 단계에서는 먼저 자신을 이해하고, 그다음에 타인을 이해하지만, 반응하기에서는 먼저 상대방의 감정과 요구에 공감한 후에 자신의 감정, 생각, 경계를 말하는 것이 좋다.

내가 원하는 사랑을 받지 못할 것이라는 두려움이 있었던 아중의 경우, 관찰하기 단계에서 그녀는 연인과 더 많은 시간을 보내고 싶은 요구를 표현하기 위해 많은 노력을 기울였지만, 정작 상대방은 알아채지 못했다. 그는 아중의 인내심과 착한 행동에 안도하며 자신의 필요만 우선시했다. 이는 아중이 어릴 때 부모와의 상호작용을 다시 경험하게 했고 자신이 무시당하고 소중하게 여겨지지 않는다고 느끼게 했다..

아중은 '내가 소중하지 않기 때문에 나를 무시한다'는 부정적인 꼬리표를 떼어 버리고 상대방에게 자신의 생각을 말할 수 있어야 한다.

"네가 바쁘다는 것도 알고, 나 혼자서도 잘 지내니까 안심하고 있다는 것도 알아. 하지만 가끔은 너와 더 많은 시간을 보내고 싶어. 같이 있으면 행복하거든. 그래서 네가 바쁠 때면 네가 많이 보고 싶어."

진정으로 바라고 기대하는 사랑의 감정을 표현하면 서로 간의 친밀감을 높이는 데 자양분이 된다. 함께 시간을 보내는 것이 당신에게 얼마나 중요한지 상대방이 알면 당신의 요구에 더 기꺼이 반응할 것이다. 혹시라도 "사실 나도 그러고 싶지만, 정말 바빠."라고

내 상처가 사랑을 밀어내지 않게 하려면

한다면 상대방의 상황을 공감하고 다음과 같이 서로가 가능한 범위에서 할 수 있는 일을 제안해 보자.

"괜찮으면 주말에 어디 좀 다녀올까?"

"잠깐만 시간을 내어 얼굴이라도 볼까?"

당신이 수용할 수 있고, 상대방에게도 그리 어렵지 않은 전략을 제시해 보자. 이렇게 함으로써 상대방은 당신이 실제로 필요로 하는 것이 무엇인지 명확하게 알 수 있다. 물론 이와 같은 방법을 써 봐도 상황이 바뀌지 않을 수도 있다.

"근데 제가 요구를 제시했는데도 상대방이 원하지 않거나 좀 기다려 보라고만 해요."

그럴 때는 상대방에게 가장 큰 어려움이 무엇인지 찬찬히 물어보자. 때때로 상대방도 사랑의 패턴에 갇혀서 내면의 혼란스럽고 벗어나고 싶은 불안과 두려움이 무엇인지 명확하게 표현하지 못할 수도 있다. 이럴 때는 당신의 감정과 요구를 말하기보다 상대방의 이야기에 경청하고 반응하는 것이 더 중요할 수 있다.

내가 중요하지 않아서가 아니라 상대방에게 다른 이유가 있기 때문이라는 것을 이해해야 한다. 이런 대화와 이해, 감정 교류는 친밀감에 대한 두려움을 가진 사람이 자신은 부족하고 버림받을지도 모른다는 두려움과 불안에 빠지지 않도록 도와준다. 또한 두 사람의 관계가 오랫동안 불균형 상태이면 상대방이 자신의 습관을 즉시 바꾸거나 당신의 요구를 중요하게 생각하지 않을 수도 있다. 어쩌면 여전히 자신의 필요와 당신의 요구 사이의 균형을 맞추는 것보다 자신의 필요를 우선시해도 관계가 유지될 수 있다는 생각에 익숙해져 있을 수 있다.

따라서 여러 차례 대화를 나누었지만 성과 없이 끝나자 아중은 다음과 같은 사실을 마주해야 했다. 만약 이 사람이 상대방의 필요보다 자신의 필요를 훨씬 더 중요하게 생각한다면 논의와 타협의 여지는 거의 없을 것이며 관계를 유지하기 위해 노력하거나 양보하지 않을 것이다. 그럼에도 불구하고 아중이 무조건 상대방에게 맞춰야만 관계가 유지된다면 과연 그녀는 이 관계에 만족할 수 있을까? '나는 내가 원하는 사랑을 절대 하지 못할 것이다'라는 내면의 감정과 두려움이 오히려 더 커지지 않을까?

결국 아중은 자신이 원하는 관계가 무엇인지, 관계에서 무엇을 얻고자 하는지, 그리고 이 관계가 자신에게 얼마나 중요한지 다시 생각해야 한다. 자신의 경계를 생각해 본 다음 이 관계를 계속 유지할 것인지, 계속 유지한다면 직면해야 할 가능성은 무엇인지, 그리고 그에 대한 준비가 되어 있는지 고민해 보아야 한다.

사실 이 문제에 대한 정답은 없다. 아중의 판단에 따라 최종 선택과 결정이 유일한 답이 될 것이다.

9.
경계선을 긋는
두 가지 기준

　나는 자주 경계 설정에 대해 강조한다. 건강한 경계선 긋기는 치유 과정에서 중요하다. 경계 설정은 다음 두 가지에 달려 있다.

　하나는 나 자신을 얼마나 중시하느냐. 즉, '자신의 감정과 요구를 기꺼이(또는 용감히) 보호하고 돌볼 의지가 있느냐'다. 이는 '자기 가치'의 기초가 된다.

　다른 하나는 나의 마음 챙김 능력이다. 이는 현실 상태와 다른 사람의 상황, 그리고 나 자신의 요구와 감당할 수 있는 상황을 합리적으로 판단하여 자신의 경계를 어디까지 설정할 수 있는지를 결정한다.

　경계선은 이렇듯 나와 타인의 존중에서 생겨나며 각자의 욕구가 모두 중요하다는 사실을 반영한다. 경계를 설정하는 단계에서 주의해야 할 몇 가지 핵심 사항이 있다.

- 내면의 감정과 요구 구별하기: 이것이 나의 것인가, 아니면 상대방의 것인가?
- 외부 현실 평가: 내가 이 결정을 내리면 어떤 영향을 미치며, 그것을 감당할 수 있는가?
- 유대감 구축: 상대방을 이해하고, 요구를 표현하고, 반응을 조정할 것인가?

경계를 설정할 때 첫 번째 단계는 '이것이 나의 필요인지, 상대방의 필요인지' 구별하는 것이다. 이는 경계를 설정할 때 상당히 중요한 부분이다. 친밀한 관계는 우리를 혼란스럽게 하고 경계를 모호하게 만들기 때문이다. 무엇보다 가장 중요한 원인은 상대방이 나에게 중요하고 영향력 있는 존재이므로 상대방의 감정과 필요를 자신의 것과 혼동하게 만들기 때문이다.

타인과 건강한 관계를 맺는 첫걸음

친밀한 관계에서 경계를 설정하는 것과 관련하여, 나의 경험을 하나 공유하고자 한다.

원래 나는 다른 사람의 필요에 관심이 많고, 사랑하는 사람을 기꺼이 보살피고 많은 노력을 기울이는 사람이었다. 그런데 이런 상황이 일정 기간 유지되다 보니 '내가 당신을 위해 이렇게까지 하는데, 당신은 내 수고를 아는 건지 모르는 건지, 고마워하기는커녕 트집만 잡으려고 한다'는 생각이 들었다. 그러다 한계점에 다다르면 감정이 폭발하고 상대와 심한 갈등을 빚었다. 어느 날 상대방이 "그렇게 싫으면 하지 마."라는 말을 듣고 나는 화가 치밀어 올랐고 너무 억울해서 어쩔 줄을 몰랐다.

나중에 나는 내 사랑의 패턴을 점차 이해하게 되었고, 내면의 '버려지는 두려움'이 관계를 유지하기 위해 많은 일을 할 수밖에 없게 만든다는 것을 깨달았다. 하지만 동시에 상대방에 대한 불만을 무시할 수도 없었다. 그러다 보니 나는 내가 원하는 사랑을 받지 못한다는 두려움에 휩싸였던 아중처럼 관계에 만족하지 못하고 내 존재가 무시당한다는 생각에 자신에 대한 평가도 점점 낮아졌다. 그래서 이후부터 경계를 설정했다.

첫 번째 원칙은 '하기 싫은 일을 억지로 하지 않는다'였다.

결혼 초기, 빨래를 한 후 옷을 정리할 때 남편이 옷을 제대로 걸어 놓지 않았다고 핀잔을 줬다. 그때 너무 화가 나고 억울한 나머지 '빨래와 옷 정리까지 내가 했는데 어떻게 불평할 수 있지?라는 생각이 들었다. 과거의 나라면 바로 달려가 화를 내며 억울함을 쏟아 냈을 것이다. 그때 앞서 말한 상황이 일어났다. 내가 억울함을 호소하는 것은 사실 남편이 나의 수고를 알아봐 주고 그의 반응을 통해 나를 얼마나 소중히 여기는지 느끼고 싶었던 것이다.

우리는 각자의 친밀함에 대한 두려움 속에서 익숙한 사랑의 패턴에 따라 연기했고, 결국 둘 다 원하는 결과를 얻지 못했다. 그때 나는 경계를 설정하고 자신에게 다른 선택지를 주기로 결심했다.

나는 남편에게 이렇게 말했다.

"당신 말이 맞아. 내 습관과 당신의 습관이 달라서 그래. 당신의 습관을 따르는 게 나에게 많은 노력이 필요하고, 가끔 잊어버릴 때도 있으니까 당신 옷은 당신이 정리하는 게 어때? 이렇게 하면 당신이 원하는 방식대로 할 수 있잖아."

이전에는 이렇게 하는 것이 어렵다고 생각했다. 마음이 약해지거나 불안해지면 '남편의 필요를 고려하지 않아도 될까?', '이렇게 이기적이어도 될까?'라는 생각이 들었다. 나중에 '이것은 나의 필요인가, 그의 필요인가?'를 평가하고 현실과 남편의 필요를 명확히 하고 나니, 나는 그에게 도움을 준다는 생각으로 일을 하면서 그가 나의 수고를 인정해 주지 않는다고 불평하는 것보다 차라리 처음부터 하지 않는 것이 나은 결과를 가져올 수 있음을 알게 되었다. 그러면 우리의 관계에도 아무런 문제가 없을 것이다.

나는 이해해야 했다. 그를 돌보고 그를 위해 무언가 하려는 것은 그를 위해서라기보다 나의 친밀감에 대한 두려움 때문이었다는 것을. 이 두려움 때문에 나는 원치 않는 일까지 더 많이 하게 되었다. 애써 많은 일을 하면서 그가 나를 인정해 주기를 바란 것이다. 그것은 그의 욕구가 아니라 나의 필요였다. 나는 이 점을 구별해야 했다.

이렇게 조정한 후 이 문제로 다시 다툰 적이 없다. 이후 일상생활에 대해 남편의 주도로 대화를 나누고, 우리의 기준을 재조정하여 합의를 이루었다. 자연스럽게 갈등도 줄어들었다. 그러므로 자

내 상처가 사랑을 밀어내지 않게 하려면

신의 감정과 필요를 구별하는 것뿐만 아니라 외부 현실을 평가하며, 유대감을 형성하는 것, 즉 경계를 표현할 때 여전히 상대방과 공감하고 중립적인 반응으로 조정하는 것(공격이 아닌)이 경계선 긋기에서 매우 중요한 열쇠이다.

경계 설정에는 연습이 필요하다

경계를 설정할 때는 익숙하지 않기 때문에 연습이 필요하다. 이전 단계에 따라 내면의 불안을 진정시키고 누구의 요구인지 구별하고 현실을 명확히 평가하며 유대감을 형성하는 과정에서 경계를 설정하는 것은 사실 자기 연습의 경험이 중요하다. 이는 현실과 자신의 상태를 정확하게 평가할 수 있는지에 따라 연습을 통해 조정해 나가야 한다. 또한 한 번에 완벽하게 하려고 하지 말아야 한다.

과거와는 다른 선택을 할 수 있도록 한 번에 한 걸음씩 자신에게 나아가자. 때로는 조금 넘어설 수도, 조금 물러날 수도 있다. 이러한 전진과 후퇴 과정에서 자신에게 편안하고 타인에게 너무 불편하지 않은 경계를 설정하는 방식을 찾아나갈 수 있다.

매번 자신이 원하는 '정답'을 얻을 수 없지만, 현재 자신의 능력과 심리적 상태로 어디까지 갈 수 있는지 파악하고, 그에 맞춰 행동하는 것도 중요한 판단이다.

그러므로 다시 강조하지만, 목표는 '한 번에 완벽하게'가 아니라, 각 선택과 판단의 이유를 점점 더 깨닫고 '의식적인 선택'을 하는 것이 핵심이다.

당신이 의식적으로 선택한다면 비록 행동이 과거와 크게 달라 보이지 않더라도 적어도 왜 그렇게 행동하는지 알 수 있다. 이는 단순히 과거처럼 두려움이나 불안 때문에 자동으로 반응한 결과가 아니다. 이러한 '의식적인 선택' 경험이 많아질수록 자신의 감정과 필요가 더 명확해지며 경계 설정이 더 이상 어렵게 느껴지지 않는다.

더는 같은 함정에 빠지지 않는다

당신이 사랑의 패턴을 인식하는 과정에서 더 이상 이전과 같은 함정에 빠지지 않고, 그 함정을 볼 수 있으며, 심지어 피할 수 있게 될 것이다.

서희는 남편이 자신에게 무관심하거나 불성실한 태도를 보이며 비난할 때 바로 남편의 기분을 맞춰 주거나 원하는 대로 해 줘서는 안 된다는 것을 깨달았다. 그녀는 일단 멈춰 서서 그 자리를 떠나거나 남편에게 "당신 오늘 기분이 안 좋은 것 같으니까 혼자 있는 시간을 갖는 게 좋겠어."라고 말한다.

다시 말해서 서희가 멈출 수 있고 남편의 감정에 휘둘리지 않고, 이전처럼 순종하거나 상대방의 기분을 맞추기 위해 자신을 희생하지 않는다. 이것은 새로운 생존 전략이자 새로운 행동 표시다. 과거의 패턴에서 성공적으로 벗어나 사랑에 필요한 두 번째 전문 기술을 갖춘 것이다. 이 일을 해낸 서희는 자신에게 다음과 같이 말해

내 상처가 사랑을 밀어내지 않게 하려면

주는 것을 잊지 말아야 한다.

"훌륭해! 나는 이전과 다르게 행동할 용기가 생겼어. 상대방이 기분 나쁠 수도 있지만, 나는 나의 필요를 표현하고, 내가 원하는 관계에 대해 알려 줬어."

변화를 시도한 자신에게 애정 어린 격려와 칭찬을 해 주자. 이것이 새로운 행동 표시다. 이러한 행동을 표시하고 자신의 시도를 인정하는 것은 매우 중요하다.

때로는 새로운 행동이 순조롭게 진행되지 않을 수도 있고, 일부 갈등을 일으킬 수도 있다. 하지만 새로운 시도를 위한 용기와 노력을 스스로 인정하고, 경계선 긋기에 필요한 세 가지 핵심인 '필요 인식, 현실 평가, 반응 조정'의 과정을 반복하면 점점 더 능숙하고 편안해질 것이다.

10.
더 나은 관계를 위한
소통법

어떤 사람들은 평생 사랑받지 못하는 두려움과 어릴 때 부정당한 수치심, 불완전한 가정에서 오는 슬픔, 또는 씻기지 않는 상처 등에서 벗어나려고 발버둥을 친다. 어쩌면 인생의 대부분을 머릿속을 어지럽히는 목소리와 아무 이유 없이 생기는 두려움에서 벗어나는 데 썼을 수도 있다. 그들은 친밀감에 대한 두려움의 영향에서 벗어나려고 자기만의 생존 전략을 세웠다. 다른 사람에게는 매우 힘들고 과도한 노력으로 보일 수 있으며, 때로는 자기 파괴적인 성향으로 비춰질 수도 있다.

저마다 인생의 우여곡절을 자신만의 방식으로 지나고 있다. 다만 친밀한 관계를 위해 내 방식만 고집할 것이 아니라 열린 마음으로 상호 존중하며 소통하다 보면, 더는 불안한 관계에서 오는 고통 없이 타인과 단단하게 연결될 수 있을 것이다.

내 상처가 사랑을 밀어내지 않게 하려면

'회피' 전략이 익숙한 이들을 위한 소통법

습관적으로 '회피' 전략을 사용하는 사람들(주로 회피형 애착 유형이거나 불안형 애착 유형 중 '회피'를 사용하는 사람들)은 상대방과 단도직입적 의사소통에서 종종 스트레스를 받아서 그 자리를 벗어나고 싶어 한다. 하지만 이러한 회피 행위는 '싸우기' 전략을 사용하는 사람(주로 불안정 애착 유형)에게 '당신은 나를 소중히 여기지 않는다', '당신은 나를 무시한다'라는 의미로 해석되기 쉽다.

'싸우기' 전략을 사용하는 사람에게는 불안 때문에 더 가까이 다가가고, '회피' 전략을 사용하는 사람은 불안 때문에 더 멀리 도망간다. 여기서 회피 전략을 사용하는 사람은 생각할 시간과 감정을 소화시킬 시간이 필요하다. 이런 사람들을 위해 소통이 안 되거나 갈등에 직면했을 때 시도해 볼 방법이 있다.

먼저 간단하게 대답한다.

"당신 말 잘 들었어. 생각할 시간이 좀 필요해. 생각이 좀 정리되면 대답해도 괜찮을까?" 또는 "당신 말이 중요한 건 알겠지만 바로 답할 수가 없어. 시간이 좀 필요해."라고 말한다.

'싸우기' 전략을 사용하는 사람에게 가장 두려운 것은 바로 상대방의 무반응이기 때문에 무응답은 그들을 더 집요하게 만들 수 있다.

그러므로 위의 두 가지 문장 정도는 외워 두거나 메모장에 적어 두고 비슷한 상황이 발생했을 때 상대방에게 바로 시도해 보길 바란다. 이렇게 하면 현장의 긴장감이 완화되고, 의미 없는 추격과 도망의 악순환에 빠지지 않을 수 있다. 물론 신중하게 생각할 시간을 가질 경우 감정을 회피하고 두려워하기 때문에 종종 스트레스 상황에서 벗어나고 싶을 것이다. 그러나 당신이 알아야 할 것은, 당신이 마주하는 사람은 당신과 더 가까워지기를 바라며 인내심 있게 기다리고 있다는 점이다.

이 관계를 유지하고 싶다면 그를 위해 더 많이 보살펴 주거나 '쓸모 있는 일'을 하지 마라. 단지 당신의 존재와 반응, '당신이 나와 함께 있고 우리 사이의 어려운 시기를 기꺼이 나와 함께할 의향이 있다'는 것을 상대방이 아는 것만으로도 큰 위로가 될 수 있다.

그리고 상대방이 신뢰할 만한 사람이 아니어서 당신을 완전히 이해하지 못하거나 받아들이지 못하는 것이, 혹은 당신이 시도해도 상대방이 이해하지 못하거나 받아들이지 못할 때의 좌절과 고통이 두려울 수 있다. 그러나 이런 두려움은 정상적이라는 점을 기억해 두길 바란다.

우리는 자기 자신을 표현하고, 상대방이 나를 진정으로 이해할 수 있는 기회를 가질 수 있도록 노력해야 한다. **자신의 감정과 생각은 말하지 않으면서 상대방이 내 운명의 짝이라면 나를 이해할 거라고 생각하는 것은 일종의 이상화이며, 누구도 할 수 없는 일이다. 때로는 자기 자신조차도 자신을 이해하지 못하기 때문이다.** 그렇지 않은가?

모험을 감수하면 상처를 입을 수도 있지만, 지금의 당신은 과거의 당신보다 더 강해졌다. **당신이 말했는데도 상대방이 이해하지**

내 상처가 사랑을 밀어내지 않게 하려면

못한다면, 그것은 당신 잘못이 아니다. 단지 상대가 이해하지 못했을 뿐이다.

하지만 당신이 상대에게 기회를 주고 상대방이 당신을 이해하려고 할 때 아마도 당신은 발견할 것이다. 당신 앞에 있는 그 사람이 과거에 당신에게 상처를 준 부모나 사람들과는 다르다는 것을 말이다.

당신의 모험은 당신이 사랑에 있어서 두 번째 전문 기술을 키우게 해 주고, 더 나아가 당신과 함께 손을 잡고 갈 사람을 만날 기회를 제공한다.

'싸우기' 전략을 사용하는 이들을 위한 소통법

'싸우기' 전략을 사용하는 사람들(주로 불안형 애착 유형)은 상대가 반응하지 않거나 관계에서 문제 혹은 불만족스러운 점을 발견하고 자신을 소중히 여기지 않는다고 느낄 때 매우 예민해져서 즉각 반응한다. 모든 즉각적인 반응은 실제로 현재 상황을 즉시 개선하고 상대의 관심과 반응을 유도하려는 희망에서 비롯된다. 이를 통해 '이 관계의 위기'에 대한 자신의 친밀감에 대한 두려움을 조금이라도 줄이고자 한다.

하지만 '싸우기' 전략을 사용하는 사람이 무시당했다고 느낄 때 과거의 감정이 되살아나고, 이러한 감정이 불안과 분노, 슬픔을 또다시 유발한다. 이때 때로는 이러한 상황에 대처하기 위해 지나치게 강한 공격과 비난을 하기도 하고, 상대방의 상황을 급하게 확인하고 싶어서 상대방을 쫓아다니기도 하며, 심지어 자신의 불안을 줄이기 위해 상대에게 뭔가를 해달라고 요구하기도 한다.

그러나 우리는 이러한 불안과 두려움이 우리의 내면과 관련이 있다는 것을 알아야 한다. 배우자라고 해도 그들의 상상과 의사소통 및 관계에 대한 반응이 나와 매우 다를 수 있다. 따라서 우리가 상대방을 쫓아다닐 때 그들은 불안과 압박감 때문에 우리에게 반응하지 못할 수 있다. 특히 상대방이 친밀한 관계에서 '회피' 전략을 사용하는 데 익숙하다면, '싸우기' 전략을 사용하는 당신은 더욱 좌절감을 느끼고 그의 무반응과 무관심으로 인해 더 자신이 중요하지 않은 존재라고 느끼게 될 것이다. 그러므로 먼저 자기감정을 진정시키고 멈추는 것이 싸우기 전략을 사용하는 당신이 연습해야 하는 부분이다.

내면의 불안을 진정시키기 위해 먼저 4장의 연습을 수행하여 내면의 불안과 도망가고 싶은 두려움, 진짜 만족하고 싶은 욕구와 원하는 관계가 무엇인지 명확히 해야 한다. 그것들이 분명해지면 '지금 내 방식이 그가 나에게 반응하도록 할 수 있는가, 아니면 그를 더 멀리 밀어내게 하는가? 만약 후자라면, 우리 사이의 상호작용에 변화를 일으킬 다른 방법은 무엇일까?'라고 생각해 보자.

당신이 기꺼이 멈추고 천천히 움직인다면, 도망치는 사람도 그렇게 멀리 달아날 필요가 없어지니 가까이 머물다가 천천히 당신에게 돌아갈 것이다. 그러면 '내가 그렇게 노력하지 않아도 그는 나에게 다가오려고 하네. 나는 그에게 여전히 중요한 사람이야.'라는 느낌을 받을 것이다. 상대방의 자발적인 관심과 접근, 아마도 이것이 당신이 가장 원하는 것이 아닐까.

따라서 싸우기 전략을 사용하는 당신이 바짝 쫓아가는 것을 멈추고 한 발 물러선다면 그것이야말로 상대에 대한 사랑을 보여 주는 것이다. 그리고 기꺼이 혼자만의 공간을 제공해 준다면 그것은 그에 대한 이해와 수용, 안전감을 주는 원천이다. 회피하기 전략을 사용하는 당신이 잠깐 멈추어 뒤를 돌아 본다면 인내심을 가지고 당신을 늘 바라보고 있는 그 사람을 보게 될 것이다.

서로가 내면의 불안과 두려움을 참아 내고 새로운 방식으로 대처하려는 것은 모두 사랑 때문이다. 서로의 노력을 기억하고 이러한 마음을 나누며, 서로에게 격려와 칭찬을 해 보자. 그러면 두 사람 사이의 소통과 상호작용이 더는 그렇게 어렵고 힘든 일이 아닐 것이다. 이 모든 것은 자기 자신에 대한 인식에서 시작된다.

자신의 삶을 직면하는 것은 쉽지 않은 일이다. 각자 생존 전략과 관계의 어려움에 대응하는 전략을 가지고 있다. 인생에는 항상 어려움이 있고 우리는 그것을 평생 극복해야 한다. 평생 극복해야 한다는 것은 극복이 어려워서가 아니라 그것이 우리 인생에서 가장 중요한 과제이기 때문이다.

내가 이 책을 쓴 이유도 인생의 어려움이 친밀한 관계에 어떤 영향을 미치고, 또 어떻게 다른 어려움으로 변하는지 이해를 돕기 위해서다. 우리가 이러한 어려움을 인식하고 볼 수 있게 되면, 이를 피해서 우회하거나 극복할 수 있다. 결국 우리는 이 내면의 고통과 상처를 치유하고 메울 기회를 얻을 수 있다. 그리고 그 치유된 상처는 한 번도 다치지 않은 부분과는 같을 수 없겠지만 우리가 애쓰고 노력한 일종의 훈장과도 같다.

우리가 이토록 열심히 자신을 사랑하고 있다는 것은 얼마나 멋진 일인가!

나쁜 생각이란
마치 머리 위를 스치는 새와 같아서
막아낼 도리가 없다.
그러나 나쁜 생각이
머리 한가운데 자리를 틀고
들어앉지 못하게
막을 힘은 누구에게나 있다.
—

마틴 루터 킹

인생 5장

마지막으로 티베트 불교의 스승이자 전수자인 소걀 린포체^{Sogyal} Rinpoche의 『삶과 죽음을 바라보는 티베트의 지혜$^{The Tibetan Book}$ of Living and Dying』에서 좋아하는 시 한 편을 들려주고 싶다.

제1장

나는 길을 걷고 있었는데, 인도에 깊은 구멍이 있었다. 나는 그 안에 빠졌고, 나는 길을 잃었다. 나는 절망에 빠졌다. 이것은 내 잘못이 아니다. 우여곡절 끝에 겨우 빠져나왔다!

제2장

나는 같은 길을 걷고 있었고, 인도에 깊은 구멍이 있었다. 나는 못 본 척했고, 다시 빠졌다. 나는 믿을 수 없었다. 내가 같은 곳에 빠지다니, 하지만 이것은 내 잘못이 아니다. 역시 오랜 시간 사투를 벌인 끝에 빠져나왔다!

제3장

나는 같은 길을 걷고 있었고, 인도에 깊은 구멍이 있었다. 나는 그것을 보았다. 하지만 또 빠졌다. 이제 습관이 돼 버렸다. 나는 분명히 눈을 뜬 데다 구멍이 거기에 있다는 것을 알았다. 이것은 내 잘못이다. 나는 얼른 빠져나왔다!

제4장

나는 같은 길을 걷고 있었고, 인도에 깊은 구멍이 있었다. 나는 구멍이 있는 걸 분명히 보았다.

나는 돌아서 지나갔다!

제5장

나는 다른 길로 걷기 시작했다!

구멍을 보기 시작하고 천천히 생각할 수 있게 되면 우리는 다른 선택을 할 기회가 있다는 것을 알게 된다. **무조건 그 구멍에 빠지는 것만이 유일한 선택은 아니다.**

이 새로운 선택을 위해 함께 노력하고 우리의 삶과 친밀한 관계에서 '두 번째 전문 기술'을 키워 나가자. 그것은 우리가 이전에 별로였기 때문이 아니라 단지 새로운 삶을 더 유연하게 대처할 수 있는 선택을 원하기 때문이다.

자신의 인생 여정에서 구멍을 피하려고 노력하는 당신과, 나를 축복하고 싶다.

기억하자, 우리는 모두 배움의 과정에 있고 당신은 혼자가 아니라는 것을!

내 상처가 사랑을
밀어내지 않게 하려면

개정판 2024년 10월 10일 1판 1쇄

지은이 저우무쯔
옮긴이 박영란
펴낸이 김영선
편집주간 이교숙
교정·교열 정아영, 나지원, 이라야, 남은영
경영지원 최은정
디자인 검정글씨 민희라
마케팅 신용천

펴낸곳 더페이지
주소 경기도 고양시 덕양구 청초로 10 GL 메트로시티한강 A동 20층 AA-2002호
전화 (02) 323-7234
팩스 (02) 323-0253
홈페이지 www.mfbook.co.kr
출판등록번호 제 2-2767호

값 17,800원
ISBN 979-11-94156-03-1 (03180)